Sola scriptura im Kontext

Forum Theologische Literaturzeitung

ThLZ.F 32 (2016)

Herausgegeben von Ingolf U. Dalferth
in Verbindung mit Albrecht Beutel, Beate Ego,
Andreas Feldtkeller, Christian Grethlein,
Friedhelm Hartenstein, Christoph Markschies,
Karl-Wilhelm Niebuhr, Friederike Nüssel
und Nils Ole Oermann

Friedemann Stengel

Sola scriptura im Kontext

Behauptung und Bestreitung des reformatorischen Schriftprinzips

EVANGELISCHE VERLAGSANSTALT
Leipzig

Friedemann Stengel, Dr. theol., Jahrgang 1966, studierte von 1986 bis 1992 Evangelische Theologie in Halle/Saale, Neuendettelsau und Bonn. Er ist Privatdozent und vertritt seit 2010 hauptamtlich die Professur für Neuere Kirchengeschichte in Halle. Er hat Veröffentlichungen und Projekte zur Kirchlichen Zeitgeschichte, zur Theologie- und Philosophiegeschichte des 18. Jahrhunderts sowie zur Kultur- und Kirchengeschichte der Reformationszeit und zur Geschichtstheorie vorzuweisen.

Bibliographische Information der Deutschen Nationalbibliothek
Die Deutsche Nationalbibliothek verzeichnet diese Publikation in der
Deutschen Nationalbibliographie; detaillierte bibliographische Daten
sind im Internet über http://dnb.dnb.de abrufbar.

Umschlag und Entwurf Innenlayout: Kai-Michael Gustmann, Leipzig
Satz: Evangelische Verlagsanstalt GmbH, Leipzig
Druck und Binden: Hubert & Co., Göttingen

ISBN 978-3-374-04536-5
www.eva-leipzig.de

Vorwort

Die Theologische Fakultät der Martin-Luther-Universität Halle-Wittenberg hat im Januar 2015 ihre jährlich stattfindenden „Theologischen Tage" unter das Motto „Sola scriptura. Welchen Status hat die Bibel in Theologie und Kirche?" gestellt. Auf der Basis des von mir zu diesem Anlass gehaltenen Vortrags ist die vorliegende Studie entstanden, die den historischen Kontexten der Behauptung und der Bestreitung des weithin so selbstverständlich zitierten reformatorischen Schriftprinzips nachgeht. Ich verstehe meinen Text als Beitrag zu den vielfältigen Diskussionen über Wurzeln, Bedeutung und Herausforderungen des protestantischen Christentums, die aktuell vor allem im Blick auf das 500. Reformationsjubiläum 2017 geführt werden.

Herrn Prof. Dr. Dr. h.c. Dr. h.c. Ingolf U. Dalferth und dem gesamten Herausgeberkreis des Forum Theologische Literaturzeitung danke ich herzlich für die Aufnahme in die von ihnen verantwortete Schriftenreihe. Frau Dr. Annette Weidhas danke ich sehr für Ihre wie gewohnt hilfsbereite und persönliche Betreuung des Manuskripts. Insbesondere aber danke ich Nora Blume, Dr. Titus Nagel und Prof. Dr. Daniel Cyranka für die kreativen Hinweise, für die kritische Begleitung, für Korrektur und Durchsicht.

Halle (Saale), im August 2016   Friedemann Stengel

Inhalt

1. Einleitung

1.1 Zur aktuellen Debatte um das Schriftprinzip

Die „Kirche der Freiheit", als die sich die Evangelische Kirche in Deutschland (EKD) im Sommer 2006 vorgestellt hat,[1] enthält notwendigerweise eine ganze Portion Vielfalt. Sie erscheint manchen als zur Beliebigkeit tendierende Pluriformität, anderen als wünschenswerte Pluralität. Zuweilen sieht es so aus, dass nicht einmal ein kleinster gemeinsamer Nenner benannt werden könnte, auf den sich die Positionen in evangelischer Kirche und Theologie festlegen ließen oder festlegen wollten. Es scheint angemessen zu sein, angesichts dieser Pluralität eher von einem protestantischen Diskurs als von *dem* Protestantismus zu sprechen: Der Protestantismus steht zur Debatte; wer sein Wesen festlegt, vertritt und beansprucht nur *eine* Position und kann kaum damit rechnen, eine allgemein anerkannte Repräsentation zu erreichen.

Besonders bestätigt sich dieser Befund in der Frage des protestantischen Schriftprinzips, des *sola scriptura*, das doch im Herzen des Ursprungs der Wittenberger und dann auch der anderen reformatorischen Bewegungen zu stehen scheint. So gravierend gehen hier die Positionen auseinander, dass man weder einen allgemeinen Grundkonsens noch über-

---

[1] Vgl. Kirche der Freiheit. Perspektiven für die evangelische Kirche im 21. Jahrhundert. Ein Impulspapier des Rates der EKD. Hannover [sowie Frankfurt am Main] 2006 (http://www.ekd.de/download/kirche-der-freiheit. pdf, Stand: 22.3.2016).

haupt eine Schnittmenge erkennen könnte. Hans-Christian
Knuth, einer der prominentesten lutherischen Kirchenführer
der jüngeren Vergangenheit und Kritiker des EKD-Konzepts
„Kirche der Freiheit",[2] hat vor zehn Jahren deutlich gemacht,
dass die Bibel für ihn als Heilige Schrift eine Versprachlichung
Gottes sei, so wie die Inkarnation Gottes in Jesus Christus, und
er schloss sich darin Josef Ratzinger und Johannes Paul II. an,
für die Sprach- und Menschwerdung Gottes ebenfalls eng
verkoppelt sind. Auch für Karl Rahner ist Gottes Wort erst
durch die Inkarnation im Menschenwort und dann im Buch-
wort zu seinem „vollen Wesen" gekommen.[3] Bei Knuth ist die
Heilige Schrift hingegen tätiges Wort, sie ist – mit Luthers
Worten – „Machtwort", nicht bloßes „Nachwort", kein Zeichen für irgendeine „ontologische Wirklichkeit außerhalb
der Schrift", weder im spiritualistischen noch im kirchlichen
Sinne, und nicht ein bloßes Glaubenszeugnis,[4] ungeachtet

---

2 Vgl. EKD-Zukunftskongress. Marke Evangelisch. In: Frankfurter Allgemeine vom 29.1.2007, http://www.faz.net/aktuell/feuilleton/debatten/ekd-
   zukunftskongress-marke-evangelisch-1408536-p2.html; sowie: Reform-
   debatte in Wittenberg. EKD-Kongress diskutiert über die Zukunft der
   Kirche,http://www.ekd.de/aktuell_presse/news_2007_01_26_4_reform
   debatte.html (beide Stand: 22.3.2016).

3 Zur Kritik an dieser These Rahners vgl. Ingolf U. Dalferth: Von der Viel-
   deutbarkeit der Schrift und der Eindeutigkeit des Wortes Gottes, in: Ri-
   chard Ziegert (Hrsg.): Die Zukunft des Schriftprinzips. Stuttgart 1994, 155–
   173, hier: 156–161.

4 Knuth bezieht sich auf Luthers Rede vom Wort als „thetel wort" (Vom
   Abendmahl, 1528, WA 26, 283). Vgl. Hans Christian Knuth: Das Schriftprinzip der Reformation als Basis des ökumenischen Dialogs. In: Ders.: In Zukunft Luther. Gesammelte Texte des Leitenden Bischofs der VELKD, Gütersloh 2005, 151–164, hier: 156.160 f.164; Die Interpretation der Bibel in der
   Kirche. Ansprache seiner Heiligkeit Johannes Paul II. und Dokumente der
   Päpstlichen Bibelkommission, in: Verlautbarung des Apostolischen Stuhls
   115, Bonn 1993, 11 f.

der Tatsache, dass sie von menschlichen Autoren notiert und nach der Entstehung der Kirche erst zu einem Kanon zusammengefügt worden ist. Doch wird die Schrift auch bei Knuth nicht durch sich selbst klar, sie hat mit Christus ihr Zentrum und ist nur durch dieses Zentrum verständlich. Das *solo verbo* wird nur klar durch *solus Christus* und *sola crux* – durch den gekreuzigten Christus.[5]

Wirft man einen Blick auf andere neuere und neueste Konkretisierungen des reformatorischen Schriftprinzips, dann wird ein offenbar unüberbrückbarer Kontrast zu Knuths betont lutherischem und darin bemerkenswerterweise ökumenischem Beharren auf der Bibel als Heiliger Schrift sichtbar. Bereits vor 100 Jahren hat Wilhelm Dilthey konstatiert, die Protestanten hätten zwar das römische Prinzip der Tradition erschüttert, aber eben kein klares Prinzip an dessen Stelle gesetzt.[6] Für den Neutestamentler Ernst Käsemann begründet der neutestamentliche Kanon eben nicht die „Einheit der Kirche", sondern die „Vielzahl der Konfessionen",[7] ja mehr als das: er „legitimiert als solcher auch mehr oder weniger alle Sekten und Irrlehren".[8] Auf dieser Linie hat der Neutestamentler Ulrich Luz Jahrzehnte nach Käsemann den Protestantismus geradezu als „Widerlegungsgeschichte des protes-

---

5   Vgl. Knuth, Schriftprinzip (wie Anm. 4), 158.

6   Vgl. Wilhelm Dilthey: Das natürliche System der Geisteswissenschaften im 17. Jahrhundert, in: Ders.: Gesammelte Schriften, Bd. 2: Weltanschauung und Analyse des Menschen seit Renaissance und Reformation, hrsg. von Georg Misch. Leipzig; Berlin 1914, 90–245, hier: 112.

7   Ernst Käsemann: Begründet der neutestamentliche Kanon die Einheit der Kirche? [1951], in: Ders.: Das Neue Testament als Kanon, Dokumentation und kritische Analyse zur gegenwärtigen Diskussion, Göttingen 1970, 131 [der Aufsatz ist mehrfach abgedruckt, zuerst in EvTh 11 (1951/52), 13–21].

8   Käsemann in: Neues Testament (wie Anm. 7), 402.

tantischen Schriftprinzips" bezeichnet. Nicht einmal ein ein-
heitlicher Christus könne aus der Schrift abgeleitet werden.
Darüber müsse man kommunizieren statt zu exkommuni-
zieren, so sein Vorschlag. Wahrheit sei im Sinne von Joh 14,6[9]
nicht als Definition, sondern als Weg zu verstehen. Die reformatorische Antithese gegen die Tradition sei kaum haltbar,
denn die Bibel sei selbst Produkt der Tradition, nicht umgekehrt. Sie könne gar nicht anders ausgelegt werden als „nach
der Tradition der Kirche".[10]

Auch der Systematiker Jörg Baur hat konzediert, dass es
die „Pflicht vernünftiger Hermeneutik" sei, die „These zu
prüfen, die Schrift enthalte nicht nur verschiedene Soteriologien und Christologien, sondern in jeder Hinsicht unver-
mittelbare und unversöhnbare."[11] Obwohl er die historische
Kritik an der Bibel als Anerkennung des geschichtlichen Ursprungs des Christentums aufnahm und am Ende die einzige
Basis für die wahre Einheit und den „geistliche[n] Konsens"
dennoch allein durch die Schrift gewährleistet sah,[12] forderte
Baur trotz dieser Diagnose, bei ihrer Arbeit werde eine vernünftige Hermeneutik

> „nicht dem Vorwurf weichen, sie harmonisiere Unvereinbares, son-
> dern vielmehr ihr Votum verstärken und darauf insistieren, daß eine
> solche Unvermittelbarkeit nicht weniger impliziert als das Wider-

---

9   „Ich bin der Weg und die Wahrheit und das Leben; niemand kommt zum
    Vater außer durch mich."

10 Ulrich Luz: Was heißt „Sola scriptura" heute? Ein Hilferuf für das protes-
    tantische Schriftprinzip, in: EvTh 57 (1997), 28–35, hier: 28.30.34.

11 Jörg Baur: Sola scriptura – historisches Erbe und bleibende Bedeutung. In:
    Hans Heinrich Schmid und Johannes Mehlhausen (Hrsg.): Sola Scriptura.
    Das reformatorische Schriftprinzip in der säkularen Welt, Gütersloh 1991,
    19–43, hier: 39.

12 Baur, Sola scriptura (wie Anm. 11), 43.

fahrnis verschiedener Gottheiten, daß die Behauptung also die Einheit des einen Gottes der Schrift und das Bekenntnis zum einen Kyrios bestreitet und damit im Gewande der wissenschaftlichen These eine religiöse confessio gegen die Texte ausspricht".[13]

Aus historiographischer Perspektive hat der Erlanger Kirchenhistoriker Berndt Hamm bezweifelt, dass das Schriftprinzip schon in der Reformation überhaupt eine einheitsstiftende Normquelle gewesen sei; es sei zu „vieldeutig" gewesen, um „integrierend" wirken zu können. Gegen die „zentrifugalen Tendenzen rivalisierender Deutungen" sei es nicht gefeit gewesen.[14] Insbesondere in neueren Entwürfen ist die Historizität der Bibel beider Testamente betont worden, mit unterschiedlichen Folgen. Kann *sola scriptura* dann überhaupt ein *principium* sein, etwas, das am Anfang steht? Der Lutherforscher Bengt Hägglund hat das ganze Projekt „Schriftprinzip" als ein Unterfangen diagnostiziert, das philosophischem Denken absurd erscheinen muss.[15] Einer der prominentesten Theoretiker der Hermeneutik Luthers, Gerhard Ebeling, behauptete 1951 auf der einen Seite den Fortschritt Luthers für die Geschichte der modernen Exegese, nämlich eine hermeneutische Wende herbeigeführt zu haben.[16] Er

---

[13] Baur, Sola scriptura (wie Anm. 11), 39f.

[14] Vgl. Berndt Hamm, Bernd Moeller und Dorothea Wendebourg: Reformationstheorien. Ein kirchenhistorischer Disput über Einheit und Vielfalt der Reformation, Göttingen 1995, 80.

[15] Allerdings ergänzt Hägglund, man könne wohl sagen, dass die Glaubensgewissheit durch die Evidenz der Heiligen Schrift bedingt sei, wie auch der Glaube das äußere Wort voraussetze. Bengt Hägglund: Evidentia sacrae scripturae. Bemerkungen zum „Schriftprinzip" bei Luther, in: Helmar Junghans (Hrsg.): Vierhundertfünfzig Jahre lutherische Reformation 1517–1967. FS Franz Lau. Berlin 1967, 116–125, hier: 121 f.

[16] Gerhard Ebeling: Die Anfänge von Luthers Hermeneutik, in: ZThK 48 (1951), 172–230, hier: 216. Dass Ebeling wenige Jahre später für die Entste-

meinte aber ein paar Seiten weiter, man könne geradezu daran verzweifeln, in Luthers „hermeneutische Terminologie logische Klarheit"[17] zu bringen. An anderer Stelle erkannte Ebeling, worin der „scheinbar stärkste und von katholischer Seite bis heute mit dem triumphalen Unterton unwiderleglicher Schlüssigkeit vorgebrachte Einwand" bestehe, dass nämlich das protestantische Schriftprinzip das katholische Traditionsprinzip geradezu voraussetze.[18] Weniger Verzweiflung stiftend als „instruktiv" und „geradezu bewegend" empfand der Bonner Systematiker Gerhard Sauter die Beobachtung, „wie Luther auf immer neue Schwierigkeiten, Komplikationen, ja auf Aporien stößt, wenn es gilt, die Schrift wirklich beim Wort zu nehmen".[19]

Der Wiener Systematiker Falk Wagner forderte in einem viel beachteten Aufsatz von 1994 die Abschaffung des Schriftprinzips, unter anderem weil *erstens* dessen autoritativer Anspruch historisch entstanden sei, aber dem kritischen Selbstdenken widerspreche, weil *zweitens* vor dem Kanon nicht die Schrift, sondern die Kirche entstanden sei und *drittens* die altkirchlichen Dogmen nicht in der Schrift enthalten seien und

---

hung der historisch-kritischem Methode im 18. Jahrhundert erneut eine hermeneutische Wende konstatiert hat, wird von ihm selbst nicht genau erklärt. Vgl. Gerhard Ebeling: Art. Hermeneutik, in: RGG[3] 3 (1959), 242–262, hier: 253. Vgl. dazu: Friedemann Stengel: Zwischen „fanatischer Barbarei" und „moralischem Sinn". Schnitt- und Scheidepunkte der Schriftauslegung im 18. Jahrhundert. In: Goldene Anfänge und Aufbrüche. Johann Jakob Wettstein und die Apostelgeschichte, hrsg. von Manfred Lang und Joseph Verheyden. Leipzig 2016, 177–216, hier: 177 f.181 f.214.

[17] Ebeling, Anfänge (wie Anm. 16), 222.

[18] Gerhard Ebeling: ‚Sola scriptura' und das Problem der Tradition, in: Käsemann, Neues Testament (wie Anm. 7), 282–335, hier: 295.

[19] Gerhard Sauter: Schrifttreue ist kein „Schriftprinzip". Wolfgang Schrage zum 65. Geburtstag, in: Ziegert, Zukunft (wie Anm. 3), 259–278, hier: 266.

weil *viertens* die moralischen Forderungen der Bibel beider Testamente aufgrund ihrer Zeitgebundenheit für den moralisch autonomen Menschen nicht bindend sein könnten. Anstelle des Schriftprinzips forderte Wagner, auf der Basis einer der Historizität nicht unterworfenen aufgeklärten Vernunft die Sache des Christentums als Idealtyp zu konstruieren. Dafür gehöre eben auch die kanonische Geltung des Alten Testaments auf den Prüfstand, weil der christologisch und trinitätstheologisch begründeten „Revolutionierung des Gottesgedankens" durch den Rückbezug auf das Alte Testament die „Spitze" abgebrochen werde.[20] Um diese Spitze zu erhalten, erkannte Wagner den Vorrang einer gewissermaßen vernünftigen und aufgeklärten Systematischen Theologie und Dogmatik vor der Schrift und ihrer Exegese. Aus dieser Vorordnung der aufgeklärten Vernunft solle durch die Erfassung der logisch-kategorialen Strukturen der grundlegende „Begriff der Sache selbst" gewonnen werden. Zugleich hatte Wagner allerdings nicht nur die Kriterien dessen, was als aufgeklärt gelten solle, definiert. Er war auch von der Voraussetzung ausgegangen, „wir alle" lebten „unter Bedingungen nach der Aufklärung",[21] einer Möglichkeit von Aufklärung und Vernunft also, die er zuvor selbst festgelegt hatte, ohne allerdings klar zu machen, worin die historische, systematische und Universalität erzwingende Verbindlichkeit einer solchen Definition denn begründet und wie eine reine Vernunfttätigkeit außerhalb historischer Kontexte vorgestellt werden könnte.

---

[20] Vgl. Falk Wagner: Zwischen Autoritätsanspruch und Krise des Schriftprinzips, in: Ders.: Zur gegenwärtigen Lage des Protestantismus, 2. Aufl. Gütersloh 1995, 68–88, hier: 86; auch abgedruckt als: Auch der Teufel zitiert die Bibel. Das Christentum zwischen Autoritätsanspruch und Krise des Schriftprinzips, in: Ziegert, Zukunft (wie Anm. 3), 236–258.

[21] Wagner, Autoritätsanspruch (wie Anm. 20), 71.

Weil der Gott des Alten Testaments ein partikularer Gott sei, der nur zu seinem Volk Israel spreche und von der universaleren und unmittelbaren christlichen Botschaft übertroffen werde, hat der Berliner Systematiker Notger Slenczka kürzlich die Rückübertragung des Alten Testaments an das Judentum und seine Entfernung aus dem christlichen Kanon vorgeschlagen[22] – ohne jedoch deutlich genug werden zu lassen, dass die Historisierungsforderung beiden Testamenten gilt und, wie Ulrich Luz erinnert hat, sich eine einheitliche Theologie und Christologie aus dem Neuen Testament nicht ableiten lassen, die eine solche Teilung des Kanons erzwingen könnten. Scheinbar liegt es gerade an dem Mangel an einem luziden Schriftprinzip, dass der Eindruck entsteht, diesem Trennungsvorschlag lägen – gegen Luz' exemplarischen Befund – eine selektive theologische Auslegungspraxis und theologische Vorentscheidungen zugrunde. Könnte die bisher zuweilen scharf geführte Auseinandersetzung gerade durch eine mit der Kanonfrage zusammenhängende Problematisierung des Schriftprinzips in seinem historischen Bezugsfeld weiter versachlicht werden?

Anstelle einer konsequenten Historisierung sind ferner verschiedene Versuche unternommen worden, das Schriftprinzip durch Umdeutung beizubehalten. Das Bedürfnis, den Protestantismus weniger im historischen Kontext zu betrachten, sondern ihm entscheidende Fortschrittsimpulse für die Entstehung der Moderne zuzuschreiben, scheint mir

---

[22] Vgl. Notger Slenczka: Die Kirche und das Alte Testament, in: MJTh 25 (2013), 83–119. Die Diagnose der Partikularität des Judentums und der Universalität und Überlegenheit des Christentums vertritt Slenczka nicht direkt selbst, sondern in expliziter Anknüpfung an die Thesen Schleiermachers, von Harnacks und Bultmanns.

hier für manche Verwirrungen verantwortlich zu sein. Der
Neutestamentler Hans Weder beispielsweise erkannte ausgerechnet in der Erhebung des Schriftprinzips die Wurzel für
die spätere historisch-kritische Methode, nämlich die Auslegung mit den Mitteln der Vernunft.[23] Auch Falk Wagner
hatte behauptet, die These von der äußeren Klarheit der
Schrift habe die historisch-kritische Forschung freigesetzt.[24]
Dass das Autorität fordernde Schriftprinzip dennoch mit dem
Freiheitsprinzip des Protestantismus zu vereinbaren sei, ist
für Rochus Leonhardt nur dann möglich, wenn man im
Schriftprinzip den „Platzhalter der religiösen Subjektivität"[25]
erblickt. Angesichts der klaren Forderung Luthers nach
Selbstauslegung der Schrift durch den Geist und gerade nicht
durch das religiöse Subjekt lässt sich eine solche Linie allerdings nur mit Hilfe eines Fortschrittsmodells ziehen, das darauf abzielt, bei Luther partout eine Wurzel des modernen
Subjektivitätsprinzips zu erblicken. Dass das „äußere Wort"
bei Luther nicht mehr sei als ein „Vehikel für das innere Wirken des Geistes" und dass es sonst „keine selbständige religiöse Bedeutung"[26] bei ihm besitze, dürfte allerdings eine an
Luthers Gesamtwerk, wie noch zu zeigen ist, ebensowenig

---

[23] Vgl. Hans Weder: Art. Bibelwissenschaft II. Neues Testament, in: RGG[4] 1
(1998), 1529–1538, hier: 1532, ihm folgend: Rochus Leonhardt: Schriftbindung und Subjektivität im Protestantismus, in: Notger Slenczka (Hrsg.):
Deutung des Wortes – Deutung der Welt im Gespräch zwischen Islam und
Christentum, Leipzig 2014 (=Beiheft BThZ), 129–151, hier: 139.

[24] Wagner, Autoritätsanspruch (wie Anm. 20), 75.

[25] Vgl. Leonhardt, Schriftbindung (wie Anm. 23), 140 passim.

[26] Ulrich Barth: Die Entdeckung der Subjektivität des Glaubens. Luthers
Buß-, Schrift- und Gnadenverständnis, in: Ders.: Aufgeklärter Protestantismus, Tübingen 2004, 27–51, zitiert auch bei Leonhardt, Schriftbindung
(wie Anm. 23), 141.

verifizierbare These sein, sondern eher eine malerische Phantasie, die die provozierende christozentrische Hermeneutik Luthers spiritualisiert und Luther dadurch ins Lager seiner erklärten Gegner versetzt.

Mit Ebeling gesprochen könnte man angesichts der Pluralität dieser Deutungen verzweifeln: Die einen halten an der Göttlichkeit der Schrift fest; andere beharren auf ihrer normativen Gültigkeit trotz der Tatsache, dass sie ein erst in der Kirche historisch festgelegter Kanon ist und keine eindeutige Christuslehre enthält – geradezu wie Luther, der die Kirche als aus dem (Schrift-!)Wort geborene Tochter, nicht als Mutter des Wortes[27] betrachtet hatte. Wieder andere setzen an die Stelle der Schriftautorität ein logisch-kategoriales Prinzip, das vermeintlich aus der Vernunft gewonnen ist, streng genommen aber gar nicht außerhalb von diskursiven Kontexten behauptet werden kann, in denen die Kriterien dessen, was als „vernünftig" oder „aufgeklärt" gelten soll, bestimmt werden.

Dies sind nicht mehr als Schlaglichter auf die aktuelle Debatte, die zwischen Historikern, Exegeten und Systematikern geführt wird. Ich möchte mit dieser Studie zeigen, dass es nützlich ist, zunächst den historischen Befund zu erheben, der sich strikt an den Kontexten der Debatten orientiert. Zuerst fällt der Blick auf die Jahre, in denen das reformatorische Schriftprinzip von Luther behauptet worden ist, nämlich in die Zeit um 1520. Im Blick auf die selbstverständlich erscheinende Rede vom reformatorischen Schriftprinzip oder/und dessen Krise sind zunächst einige Vorbemerkungen angebracht.

---

[27] „Ecclesia enim est filia, nata ex verbo, non est mater verbi." WA 42, 334,12 (Genesisvorlesung 1535/38).

1.2 Das Schriftprinzip als konkrete Behauptung am historischen Ort

1.2.1 Das Schriftprinzip in den Bekenntnisschriften?

Weder die *Confessio Augustana* noch die *Formula Concordiae* enthalten einen eigenen Artikel zum evangelischen Schriftprinzip. Allerdings finden sich in Artikel 5 der *Confessio Augustana* Formulierungen, die die Rolle der Schrift im Verhältnis zu Amt, Geist und Sakrament bestimmen und sich insbesondere gegen ,täuferische' und gegen ,römisch-papalistische' Sichtweisen über den Geistempfang abgrenzen. Artikel 5 bindet den Geistempfang an das Wort als *verbum externum* und an die Sakramente, ohne dass hier oder an anderer Stelle der *Confessio Augustana* die Siebenzahl direkt in Frage gestellt würde. Schriftwort und Sakramente sind *instrumenta* der Geistesgabe. Die Verdammung der „Wiedertäufer und anderer", die den Geistesempfang auch ohne *verbum externum* für möglich halten, zeigt umgekehrt, dass eine Geistwirkung ohne das Wort der Heiligen Schrift ausgeschlossen wird – ein Ergebnis der Auseinandersetzung Luthers mit den ,Schwärmern', das er 1525 gegenüber Erasmus konsequent formuliert hatte.[28] Gegen Karlstadt hatte Luther außerdem die Position entwickelt, die Annahme der Geistwirkung außerhalb der Sakramente und als *verbum vocale* als Verstoß gegen die göttliche Heilsordnung zu betrachten.[29]

---

[28] Siehe unten Anm. 330.

[29] Bekenntnisschriften der evangelisch-lutherischen Kirche [BSLK], 58; Irene Dingel et al. (Hrsg.): Die Bekenntnisschriften der evangelisch-lutherischen Kirche. Göttingen 2014, 100 f. Vgl. insbesondere Leif Grane: Die Confessio Augustana. Einführung in die Hauptgedanken der lutherischen Reformation, 6. Aufl. Göttingen 1996, 54.57.

Bei der zweiten Näherbestimmung dieser Verdammung, dass auch diejenigen gemeint seien, die den Geistempfang an eigene Vorbereitungen und Werke (*preparationes et opera*) knüpften, kann auch an die noch zu schildernde Position des ersten prominenten ‚papalistischen' Gegners, Silvester Prierias, gedacht werden, der Luther Anlass gab, sein Beharren auf der Schriftautorität gegenüber Kirche und Tradition von seiner antipelagianischen Soteriologie aus in Stellung zu bringen.[30] Weder bei Luther noch nach der *Confessio Augustana* ist ein Geistempfang außerhalb des Wortes möglich; das Wort erscheint als eigentliches Gnadenmittel[31] – unabhängig davon, dass die Augsburgische Konfession an vielen anderen Stellen gerade nicht Luthers, sondern Melanchthons Handschrift trägt.

Noch deutlicher sind die Ausführungen Luthers in den 1580 ins Konkordienbuch aufgenommenen *Schmalkaldischen Artikeln* von 1537. Sie enthalten zwar ebenfalls keinen eigenen Passus zur Schriftthematik, aber im 8. Artikel über die Beichte sind Luthers Position und seine beiden entscheidenden Fronten kondensiert.[32] *Erstens* gebe im Blick auf das mündliche Wort Gott niemandem seinen Geist oder seine Gnade außer durch das vorhergehende äußerliche Wort.[33] Das heißt nichts anderes als: Kein Geist ohne Bibel. Von den zwei entscheidenden Gegnern stehen erneut die „Enthusiasten" im Vordergrund, nämlich solche „Geister", die sich rühmen, ohne Wort und vor dem Wort den Geist zu haben. Dafür

---

30 Vgl. dazu unten Anm. 96–99.108–109.

31 Vgl. Grane, Confessio Augustana (wie Anm. 29), 58 f.

32 BSLK 453–456; Dingel, Bekenntnisschriften (wie Anm. 29), 770–773.

33 „[...] das Got niemand seinen Geist oder gnade gibt, on durch oder mit dem vorhergehend eusserlichen wort [...]".

wird als einziges Beispiel Thomas Müntzer angeführt. Dadurch wird unterstrichen, dass die „Enthusiasten" kollektiv auf Aufruhr hinsteuern und letztendlich vom Teufel selbst gelenkt, aber durch Gottes Eingreifen daran gehindert werden können, so wie Müntzer gerechterweise mit dem Tode bestraft worden sei. Das ist in dem entsprechenden Abschnitt noch auszuführen.[34] *Zweitens* ist im Blick auf das Verhältnis von Schrift und Geist nämlich das Papsttum ebenfalls „eitel Enthusiasmus", weil dem Papst vor und eben ohne Schrift in der Kirche zugebilligt werde, zu bestimmen, was „Geist und Recht" sei, wenn es auch über oder gar gegen die Schrift oder schlichtweg mündliches Wort sei. ,Papisten' und „Enthusiasten" im Stile Müntzers unterstellt Luther *drittens*, wie schon Adam und Eva vom Teufel selbst vom äußeren Wort hin zu „geisterey und eigen dünckel" geführt worden zu sein. Darüber hinaus würden sie das äußere Wort geradezu verdammen. Und am Ende des Artikels rekurriert Luther zur anthropologischen und gewissermaßen kosmologischen Begründung wie an vielen anderen Stellen *viertens* auf die universale Wirksamkeit des Teufels in der Menschheit seit Adam und Eva: Papsttum, „Mahometismus"[35] und Wortverächter sind letzten Endes vom Teufel selbst gestiftet und gegiftet; von ihm bezögen sie ihren Ursprung, Kraft, Leben und Macht.[36] *Fünftens* bringt Luther noch einmal sein Sakramentsverständnis ein: Gott wolle nicht ohne *Verbum vocale* an uns handeln, aber damit ist nicht nur ein schriftunabhängiges mündliches Wort gemeint. Sondern was auch immer ohne

---

34 Vgl. unten Seite 82–89.

35 „Mahometismus" ist *hapax legomenon* und taucht in der WA sonst nicht auf.

36 BSLK 455: „implantatus et infusus"; „origo, vis, vita et potentia".

Wort und Sakrament vom Geist behauptet oder gerühmt werde, „das ist der Teufel".[37] Die *Schmalkaldischen Artikel* enthalten also kein Schriftprinzip, sondern zwei Abgrenzungen gegenüber letztlich nur einer diabolischen Position. Wenn *sola scriptura* in diesem Text enthalten wäre, dann bedeutete das *sola* in einer doppelten Front: Die Schrift ist über und vor dem Geist.

Neben wenigen anderen Stellen enthält die Einleitung zur Konkordienformel *Von dem summarischen Begriff* als einzige Bekenntnisschrift zusammenhängende Ausführungen über die Rolle der Schrift, die einem eigenen Artikel nahekommen. Es wird betont, *erstens* dass die Heilige Schrift der alleinige „Probierstein" sein müsse, während alle anderen Bücher und Bekenntnisse nicht „Richter", sondern nur „Zeugnis und Erklärung des Glaubens" seien,[38] dass *zweitens* Gott nicht ohne die Schrift selig machen könne,[39] sondern der Heilige Geist *nur* durch Wort und Sakrament auf den Willen des Menschen wirke,[40] dass man *drittens* das Papsttum ablehne und die Kirchentraditionen der Heiligen Schrift unterwerfe,[41] dass *viertens* nur die prophetischen und apostolischen Schriften des Alten und des Neuen Testaments „Regel und Richt-

---

37 „[...] sit ispe diabolus".

38 FC.Epit, Von dem summarischen Begriff, 3, BSLK 769; Dingel, Bekenntnisschriften (wie Anm. 29), 1216–1218.

39 FC.II,6, BSLK 779; Dingel, Bekenntnisschriften (wie Anm. 29), 1232. Im Umkehrschluss werden hier die „Enthusiasten" verdammt und verworfen, die meinen, dass Gott auch ohne Wort und Sakrament die Menschen zu sich ziehe, erleuchte, gerecht und selig mache; „Enthusiasten heißen, die ohne die Predigt Gottes Worts auf himmlische Erleuchtung des Geistes warten."

40 FC.II,9, BSLK 780f. Damit ist das Wirken des Heiligen Geistes allerdings nur im Falle von Wiedergeburt und Bekehrung auf die Sakramente beschränkt.

41 FC.Epit, Von dem summarischen Begriff, 1 und 3, BSLK 768; Dingel, Bekenntnisschriften (wie Anm. 29), 1216–1218.

schnur"[42] seien, wodurch einerseits eine Zuordnung beider Testamente und eine christologische und soteriologische Fokussierung vorgenommen worden sein könnte.[43] Andererseits fällt aber die explizite summarische Erwähnung der prophetischen als auch der apostolischen Schriften ins Auge, da die Konkordienformel – im Gegensatz zum Tridentinum –[44] keine Liste der kanonischen Schriften enthält.

Die knappen Aussagen der Konkordienformel zum Schriftprinzip waren in der Geschichte des evangelischen Christentums stets umstritten, und sie sind es noch, wie eingangs gezeigt worden ist. Sie sind gegen ganz konkrete Fronten gerichtet gewesen: einmal gegen die Römer, die inzwischen auf der 4. Sitzung des Trienter Konzils am 8. April 1546 die Traditionen und die Bibelversion der Vulgata als authentisch (authentica) zur Richtschnur erklärt hatten, deren Verwerfung niemand wagen dürfe.[45] Die andere Front richtete sich erneut gegen die sogenannten ,Schwärmer', die den Heiligen Geist auch außerhalb des Schriftworts wirken sahen. Zwischen diesen Fronten positionieren sich die Unterzeichner der *Formula Concordiae*.

Festzuhalten wäre erneut, dass diese Passagen vor allem dort mit der Schriftzentriertheit argumentieren, wo sie sich gegen andere Positionen abgrenzen. Ein ausformulierter *locus* zur Heiligen Schrift liegt hingegen nicht vor.

---

42 FC.Epit, Von dem summarischen Begriff, 1, BSLK 767; Dingel, Bekenntnisschriften (wie Anm. 29). 1216.

43 So Slenczka, Kirche (wie Anm. 22), 86.

44 Vgl. unten Anm. 389.

45 Die Rede ist von geschriebenen Büchern und ungeschriebenen (*et sine scripto*) Traditionen. Vgl. DH = Heinrich Denzinger: Kompendium der Glaubensbekenntnisse und kirchlichen Lehrentscheidungen, hrsg. von

1.2.2 „Sola scriptura" bei Luther

Geradezu assoziativ wird das reformatorische Schriftprinzip mit der Formel *sola scriptura* in Verbindung gebracht oder identifiziert. Für Luther ist jedoch zunächst festzustellen, dass diese Formel in seinem Gesamtwerk lediglich zehnmal verwendet wird.[46] Es handelt sich demnach nicht um eine Formel, die bereits in den reformatorischen Debatten als geläufiges Schlagwort verwendet worden ist, sieht man einmal von den Stellen ab, an denen Luther in seinen deutschen Texten seine Wertschätzung der Bibel als „alleyn Gottis wort"[47] bezeichnete oder mit einer Inkarnationschristologie parallelisiert hat, die dem oben genannten Befund Hans-Christian Knuths nahezukommen scheint, nämlich:

Peter Hünermann und Helmut Hoping, 40. Aufl. Freiburg i.Br. et al. 2005, Nr. 1501–1508, hier: 1501. Vgl. dazu Wagner, Autoritätsanspruch (wie Anm. 20), 69; Gunther Wenz: Das Schriftprinzip im gegenwärtigen ökumenischen Dialog zwischen den Reformationskirchen und der römisch-katholischen Kirche. Eine Problemskizze, in: Schmid/Mehlhausen, Sola Scriptura (wie Anm. 11), 304–316.

46 WA 9, 383 (Nachträge zu den Predigten 1509/21, hier zu Gen 26); WA 10/2, 310 (Vorwort zu den Annotationes Philippi Melanchthonis in epistolas Pauli ad Romanos et Corinthios, 1522); WA 20, 745a (Vorlesung über den 1. Johannisbrief, 1527); WA 27, 287a (Predigten des Jahres 1528); WA 43, 236 (Genesisvorlesung 1538/42, zu Gen 22); WA 43, 476 (Genesisvorlesung 1538/42, Gen 26); WA 47, 661b (Predigten 1539); WA 7, 98,40–99,2 („sed solam scripturam regnare"; Assertio omnium articulorum M. Lutheri per bullam Leonis X. novissimam damnatorum 1520); „Solis Scripturis" findet sich je einmal in den Anmerkungen zu WA 53 (Supputatio annorum mundi. 1541 und 1545) und in WA.TR 1, 281; in nicht von Luther stammenden Texten zweimal: WA 50, 359 („solam scripturam" als Zuschreibung an die „lutheranos", Schriften 1536/39); WA.B 233 (Cajetan! an Friedrich den Weisen, November 1518).

47 WA 15, 118,32.

„heilige Schrifft ist Gottes wort, geschrieben und (das ich so rede) gebuchstabet und in buchstaben gebildet, Gleich wie Christus ist das ewige Gottes wort, in die menscheit verhullet, Und gleich wie Christus in der Welt gehalten und gehandelt ist, so gehets dem schrifftlichen Gottes wort auch. Es ist ein wurm und kein Buch, gegen ander Bucher gerechnet."[48]

Gegenstand dieser Untersuchung ist nicht die – soweit ich sehe – derzeit noch ungeklärte genaue Genealogie der später so selbstverständlich als reformatorisches Markenzeichen geltenden Wendung.[49] Die Kontexte dieser wenigen Stellen bei Luther werden im Laufe dieser Studie nur dann betrachtet, wenn es sich deutlich um viel rezipierte Streitschriften handelt. Wenn im Folgenden *sola scriptura* dennoch als Ausdruck benutzt wird, dann ist die Differenz zwischen der auffälligen Marginalität ihres ersten Auftauchens und der heutigen Häufigkeit im Blick zu behalten.

Vom *sola scriptura* zu differenzieren ist Luthers oft zitierte Wendung in seiner Schrift gegen die Bannandrohungsbulle von 1520, derzufolge die Heilige Schrift durch sich selbst ganz gewiss, zugänglich, verständlich und ihr eigener Ausleger sei.[50] Doch auch hier ist anzumerken, dass es sich in

---

[48] WA 48, 31,4–8 (zu Ps 22,7; 1541).

[49] Vgl. etwa die Überlegung zum vierfachen reformatorischen *sola* und der Warnung, das *sola fide* und das *sola gratia* in ökumenischer Absicht dem *sola scriptura* und *solus Christus* voranzustellen: Michael Welker: Die Reformation als geistliche Erneuerung und bleibende Aufgabe in Theologie und Kirchen, in: EvTh 73 (2013), 166–177.

[50] WA 7, 97: „Oportet enim scriptura iudice hic sententiam ferre, quod fieri non potest, nisi scripturae dederimus principem locum in omnibus quae tribuuntur patribus, hoc est, ut sit ipsa per sese certissima, facillima, apertissima, sui ipsius interpres, omnium omnia probans, iudicans et illuminans, sicut scriptum est psal. c.xviii." Deutsche Übersetzung nach Martin Luther: Assertio omnium articulorum Martini Lutheri per bullam Leonis

Luthers Text nicht um eine geschlossene Phrase handelt, die zudem noch mit einem Programm verbunden wäre. Diese Wendung ist erst später, wahrscheinlich nach 400 Jahren von Karl Holl, zu dem viel zitierten *Scriptura sacra sui ipsius interpres* gemacht worden.[51]

1.2.3 Zur Entstehung des Schriftprinzips seit dem 19. Jahrhundert

Es muss also zwischen den *Debatten* unterschieden werden, die in der frühen reformatorischen Bewegung über die Stellung der Heiligen Schrift geführt worden sind, und der Behauptung eines reformatorischen Schriftprinzips, das diesen Debatten entweder zugrunde gelegen hätte oder in ihnen entwickelt worden sei. Die folgende Untersuchung wird zeigen, dass sich die Vielschichtigkeit und Unabgeschlossenheit der Auseinandersetzungen um 1520 nicht einfach in ein Prinzip übersetzen lässt. Nicht Hauptgegenstand dieser Untersuchung ist die genaue Herkunft dieses Schriftprinzips als Behauptung eines, vielleicht *des* zentralen Wesensmerkmals des Protestantismus im 19. Jahrhundert. Im Folgenden können nur einige Schlaglichter geworfen werden.

Schleiermachers im letzten Jahr des *Siècle des Lumières* formulierte Dikta über die Bibel scheinen gerade gegen ein irgendwie geartetes Schriftprinzip zu sprechen. Die Bibel ist Schleiermacher wie

---

X. novissimam damnatorum / Wahrheitsbekräftigung aller Artikel Martin Luthers, die von der jüngsten Bulle Leos X. verdammt worden sind (1520), in: Martin Luther: Lateinisch-Deutsche Studienausgabe. Bd. 1: Der Mensch vor Gott, hrsg. von Wilfried Härle. Leipzig 2006, 71–217, hier: 81.

[51] Offenbar erstmals so zusammengefügt in: Karl Holl: Luthers Bedeutung für den Fortschritt der Auslegungskunst, in: Ders.: Gesammelte Aufsätze zur Kirchengeschichte. Bd. 1: Luther, Tübingen 1921, 414–450, hier: 429.

„jede heilige Schrift [...] nur ein Mausoleum der Religion, ein Denkmal, daß ein großer Geist da war, der nicht mehr da ist; denn wenn er noch lebte und wirkte, wie würde er einen so großen Werth auf den todten Buchstaben legen, der nur ein schwacher Ausdruck von ihm sein kann?"[52]

Damit ist nicht nur einfach die Distanz gegenüber einer schriftzentrierten Theologie ausgesprochen, auch die Verbindung aus Geist und Buchstaben ist mit einer Leib und Materie abwertenden Note versehen worden, die auffällig an die Einwände gegen Luthers Schriftauffassung seitens der Erasmianer[53] erinnert, wie noch zu zeigen ist: die Schale des Buchstabens umhüllt lediglich den eigentlichen Kern so wie der eigentliche innere Mensch nicht der Mensch des Körpers, sondern der Seele sei. Gleich im folgenden Satz verschärft Schleiermacher die Privilegierung des Geistes ebenso wie die Marginalisierung der Heiligen Schrift:

„Nicht der hat Religion, der an eine heilige Schrift glaubt, sondern der welcher keiner bedarf, und wohl selbst eine machen könnte."[54]

Es kann zwar keine Rede davon sein, dass diese Abwertung des biblischen Textes auch im Blick auf seine Dignität und seine in der Regel theopneustisch abgesicherte göttliche Provenienz als Summe des theologischen und philosophischen Diskurses in der sogenannten Aufklärung des 18. Jahrhunderts zu betrachten wäre.[55] Ein solcher Befund kann aus his-

---

52 Friedrich Daniel Ernst Schleiermacher: Über die Religion. Reden an die Gebildeten unter ihren Verächtern, Berlin 1799, Zweite Rede, 121 f.

53 Vgl. unten Anm. 162, 271, 272.

54 Schleiermacher, Reden (wie Anm. 52), 122.

55 Dies habe ich ausführlich dargestellt in: Stengel, Barbarei und Sinn (wie Anm. 16), verkürzt auch abgedruckt als: Friedemann Stengel: Schrift, Ereig-

torischer Perspektive angesichts der Pluriformität von aufklä-
rerischen Theologien nicht aufrechterhalten werden, auch
wenn Theologen der jüngsten Vergangenheit wie der bereits
genannte Falk Wagner[56] gerade die Referenz auf Schleiermacher dafür benutzt haben, um die Abschaffung des Schriftprinzips zu fordern – allerdings mit der impliziten, jedenfalls
historisch nicht verifizierbaren Behauptung, es gebe ein bestimmtes Resultat der Aufklärung des 18. Jahrhunderts, das
zu dieser Liquidierung zwinge, wenn man hinter *die* Aufklärung nicht zurückfallen wolle. Genauer besehen wird eine
solche Forderung allerdings mit einem ganz bestimmten
Verständnis dessen, was *heute*, nicht im 18. Jahrhundert, geschweige denn insgesamt in der „Aufklärung", als aufgeklärt
und vernünftig zu gelten habe, begründet und historisch dadurch abzusichern versucht, dass die Interpretation einzelner
Positionen oder Zitate wie das genannte Schleiermachers mit
dem offenkundig erwünschten Effekt generalisiert und privi-
legiert werden, die Vielstimmigkeit, Heterogenität und un-
übersehbare Ambivalenz aufklärerischer Theologie und Philosophie einzuebnen.

Für das 19. Jahrhundert als Zeit der eigentlichen Konfes-
sionalisierung wäre festzuhalten, dass Schleiermachers Dik-
tum über die Heilige Schrift gewissermaßen in sein Gegenteil
verkehrt worden ist. Denn mit der Formierung des Protestantismus durch die verschiedenen Unionen war, nicht von

---

nis, Kontingenz. Zur Historizität der Bibelhermeneutik im 18. Jahrhundert, in: PuN 39 (2013), 241–276, abrufbar unter: http://wcms.itz.uni-hal-
le.de/download.php?down=40637&elem=2926143&func=n1eqkbu5efp5rkje
ag1ohcs2ckf1ge32 (Stand: 24.2.2016).

[56] Vgl. Wagner, Autoritätsanspruch (wie Anm. 20), 71, 86–88 (hier wird das
Aufklärungskriterium durch „ein dem modernen Bewußtsein zugängli-
ches Grundverständnis des Christentums" ersetzt).

Beginn an, die Suche nach möglichen Identitätsmarkern verbunden, die sowohl die Gemeinsamkeiten der bislang ungeeinten evangelischen Konfessionen als auch die Differenzkriterien gegenüber der nichtprotestantischen Konfession markiert, also gegenüber der römisch-katholischen als auch – zeitlich versetzt – gegenüber den neu entstehenden christlichen und vorhandenen nichtchristlichen Religionsgemeinschaften. Im Blick auf die Rolle der Heiligen Schrift war Schleiermachers Vorstoß jedenfalls keine konsensuelle Basis für die protestantische Identitätskonstruktion.

Folgt man den Erinnerungen des römisch-katholischen Theologen Franz Anton Staudenmaier von 1834, sind die nach 300 Jahren „heftigen Streites" während der „Befreiung des Vaterlandes vom Joche französischer Tyrannei" zwischen Katholiken und Protestanten gefundenen Gemeinsamkeiten durch die Reformationsfeier des Jahres 1817 und dann durch das „lieblose Treiben" um die 300-Jahr-Feier der *Confessio Augustana* zerbrochen worden. Insbesondere viele Protestanten hätten zu diesem Zweck den alten „Religionshaß und die Zwietracht wieder aus dem Grabe hervorgeholt, gepredigt, und dem Evangelium der Liebe und des Friedens entgegengestellt".[57] In der Tat fällt in die Zeit zwischen diesen Feiern die Feststellung des ‚Wesens' des Protestantismus in einer luthe-

---

57 Franz Anton Staudenmaier: [Rez. zu] F. Chr. Baur: Der Gegensatz des Katholicismus und Protestantismus nach den Principien und Hauptdogmen der beiden Lehrbegriffe. Mit besonderer Rücksicht auf Hrn. Dr. Möhlers Symbolik, Tübingen 1834; ders.: Erwiederung auf Hrn. Dr. Möhlers neueste Polemik gegen die protestantische Lehre und Kirche in der Schrift: Neue Untersuchungen der Lehrgegensätze zwischen den Katholiken und Protestanten. Im 3. Heft der Tübinger Zeitschrift für Theologie von S. 127–148 (Jahrgang 1834), in: Jahrbücher für Theologie und christliche Philosophie 3 (1834), 139–196, hier: 144 f.

rischen Dogmatik unter der Überschrift „Princip und Charakter des Protestantismus", dass nämlich der Rückgang „auf die ursprüngliche Offenbarung in der Schrift" das *„formale Princip* des Protestantismus, welches sich in Anwendung der Kritik darstellt," sei, während das *„subjective* oder *erzeugende* Princip" in der „Regsamkeit des Gewissens" bestehe.[58]

Allerdings setzte sich erst nach und nach diese Rede vom Schriftprinzip als Wesensmerkmal des Protestantismus durch. Und sie wurde stets als Differenzkriterium gegenüber dem ‚Wesen' des Katholizismus eingesetzt. In den konfessionalistischen Tübinger Auseinandersetzungen zwischen Johann Adam Möhler[59] und Ferdinand Christian Baur[60] Mitte der 1830er Jahre ging es auch, jedoch nicht vordergründig um die Unterscheidung beider Konfessionen anhand des Schriftverständnisses.[61]

---

58 August Detlev Christian Twesten: Vorlesungen über die Dogmatik der Evangelisch-Lutherischen Kirche, nach dem Compendium des Dr. W.M.L. de Wette. 2 Bde., 1. Aufl. Hamburg 1826 [3. Aufl. 1834/1938!], hier: Bd. 1, 277. 280.282 [Hervorhebungen im Original]; diesen Hinweis verdanke ich Sauter, Schrifttreue (wie Anm. 19), 260.

59 Vgl. Johann Adam Möhler: Symbolik oder Darstellung der dogmatischen Gegensätze der Katholiken und Protestanten. Nach ihren öffentlichen Bekenntnisschriften, Mainz 1832 (5. Aufl. 1838/2011).

60 Ferdinand Christian Baur: Der Gegensatz des Katholicismus und Protestantismus nach den Principien und Hauptdogmen der beiden Lehrbegriffe. Mit besonderer Rücksicht auf Hrn. Dr. Möhler's Symbolik, Tübingen 1834 (2. Aufl. 1836). Baurs Werk enthält kein eigenes Kapitel zum Thema Schrift, die Stellung der Tradition wird in der Lehre von der Kirche mit abgehandelt (484–504).

61 Die 57-seitige Rezension Staudenmaiers (wie Anm. 57) hebt nur an einer Stelle (187) hervor, dass Baur Evangelium und Heilige Schrift als „objective Erkenntnisquelle der christlichen Wahrheit" betrachte, betont aber andere Prinzipien des Protestantismus: das „Princip des Nordens" (Hegel) und

Im unmittelbaren Vormärz wurde von römisch-katholischer Seite zuweilen der Vorwurf erhoben, die Protestanten hätten sich nur von der Tradition getrennt, um dann auch die Schrift selbst stufenweise dem Heiligen Geist zu entziehen;[62] der aus dem Protestantismus herrührende Rationalismus führe zur willkürlichen Annahme oder Verwerfung der Heiligen Schriften; nach den symbolischen Büchern hätten die Protestanten die „heilige Schrift als Quelle höherer Offenbarung", dann die außerordentliche göttliche Offenbarung überhaupt, dann Christologie, Trinität, Erlösung und schließlich das ganze Christentum in Frage gestellt.[63] Dies richtete sich nicht nur gegen die Tübinger Schule im Gefolge Baurs, sondern auch gegen die im Vormärz revolutionären Bewegungen der Deutschkatholiken und der protestantischen Lichtfreunde.[64] Als Abwehr gegen diese Angriffe seitens römisch-katholischer Kombattanten und der beiden konfessions- und staatskirchenkritischen Gruppierungen wurde

---

Möhlers Kritik am „Princip der Subjectivität", dem die protestantische Religion „eine Gewalt eingeräumt" habe, „die früher in der Geschichte unbekannt gewesen sey" und die „organische Constituierung einer Kirche verhindere" (143).

[62] Vgl. Johann Sebastian von Drey: Die Apologetik als wissenschaftliche Nachweisung der Göttlichkeit des Christentums in seiner Erscheinung. 3 Bde., Mainz 1838, 1843, 1847, hier: Bd. 2, IX f.

[63] Franz Anton Staudenmaier: Zum religiösen Frieden der Zukunft, mit Rücksicht auf die religiös-politische Aufgabe der Gegenwart. Bd. 1 und 2: Der Protestantismus in seinem Wesen und in seiner Entwicklung, Freiburg i. Br. 1846 [ND 1976], hier: Bd. 2, 50.106–110.

[64] Staudenmaier, Frieden (wie Anm. 63), Bd. 2, 307 wendet sich ausdrücklich gegen das „Rongethum" und den „Wislicenische[n] Lichtverein". Johannes Ronge: mit Robert Blum Mitorganisator des ersten deutsch-katholischen Konzils in Leipzig 1845; Gustav Adolf Wislicenus: prominentes Mitglied der Lichtfreunde.

von protestantischer Seite jetzt zunehmend gerade die Zentralstellung der Schriftautorität behauptet.[65]

Aber offenbar war es erst die 1859 erschienene voluminöse Arbeit von Heinrich Julius Holtzmann, in der als „Fundamentalprincip des Protestantismus, die Lehre von der Kanonicität der Schrift"[66] ausgearbeitet worden ist, mit ausdrücklichem Rekurs auf die seit Möhler laufende konfessionalistische Prinzipiendebatte, in der das „protestantische Schriftprincip" von der „protestantischen Wissenschaft selbst in Frage gestellt" worden sei, so dass man von einer „Krisis für die Reformation selbst" sprechen könne.[67] Es gehöre sogar zu den modernen „pia desideria", dass man „Dr. Luther selbst mit seinem Pochen auf ‚Wort' und ‚Schrift' etwas strenger in's Verhör genommen" und sich bemüht habe, „ihm wo möglich ein milderers Urtheil über das Verhältniß von Schrift und Tradition in den Mund zu legen".[68] Klar hielt auch Holtzmann an der

---

[65] Z. B.: Daniel Schenkel: Das Wesen des Protestantismus. 3 Bde., Schaffhausen 1846 f., 1851, hier: Bd. 1, 165: „An der theologischen Autorität der Schrift verzweifeln, heißt an der protestantischen Theologie überhaupt verzweifeln." Vgl. dagegen den Einspruch des hegelianischen Philosophen, Theologen und Patristikers sowie Schülers von David Friedrich Strauß, Albert Schwegler, es sei „geschichtlich betrachtet, ein ungerechtfertigter Machtanspruch, wenn der Protestantismus, unter Verwerfung der katholischen Tradition, d. h. unter Verwerfung der katholischen Mittelglieder, die Bibel zu seiner Glaubensnorm ernannt hat". Albert Schwegler: Das nachapostolische Zeitalter in den Hauptmomenten seiner Entwicklung. Bd. 1, Tübingen 1846, 20.

[66] Dieses Fundamentalprinzip sei „mit anerkennenswerther Offenheit" durch die Lichtfreunde „zu Grabe geläutet" worden; vgl. Heinrich Julius Holtzmann: Kanon und Tradition. Ein Beitrag zur neueren Dogmengeschichte und Symbolik, Ludwigsburg 1859, 96.

[67] Holtzmann, Kanon (wie Anm. 66), 4, in Anknüpfung an Gotthard Victor Lechler: Anglo-Katholicität. Zur Kirchengeschichte der neuesten Zeit, in: Theologische Studien und Kritiken 1841, 1027–1071, hier: 1036.

Abgrenzung vom „dogmatischen" Traditionsbegriff des römischen Katholizismus fest, der sich zugleich der Annäherung an die evangelische Kirche über einen historischen Traditionsbegriff verweigere.[69] So sehr der Protestantismus die Tradition eben nicht als dogmatisch, sondern als historisch anerkenne, sei es letztlich sein „streng und ernst festgehaltener theistischer Standpunct, der dem Protestantismus jede Annäherung zum katholischen Traditionsdogma zur Unmöglichkeit" mache,[70] so fasste Holtzmann am Ende seine erneut auf die Bestimmung protestantischer Identität durch Abgrenzung von der römisch-katholischen Konfession hinauslaufende Darstellung zusammen.

Dass der römische Traditionalismus seit dem Tridentinum letztlich an der hierarchischen und unfehlbaren Amtsperson des Papstes hänge, unterstrich im Übrigen Albrecht Ritschl in seiner ausführlichen kritischen Rezension zu Holtzmanns Buch über Kanon und Tradition. Sein Beharren auf dem Schriftprinzip ergänzte Ritschl mit zwei Hinweisen: auf der einen Seite sei es gerade die angemaßte Macht des Papstes gewesen, die den Widerspruch der römisch-katholischen Kirche gegen die kanonische Schriftautorität erst begründet habe, was zuletzt an der von Piux IX. erlassenen Bulle zur unbefleckten Empfängnis – gegen das Schriftzeugnis! – von 1854 zu sehen gewesen sei.[71] Andererseits wandte sich Ritschl gegen den seit Baur von protestantischer Seite unternommenen

---

68 A. a. O., 5.

69 A. a. O., 388.427.

70 A. a. O., 493.

71 Albrecht Ritschl: [Rez. zu:] Kanon und Tradition. Ein Beitrag zur neueren Dogmengeschichte und Symbolik von Lic. Heinrich Julius Holtzmann, Privatdocenten in Heidelberg, in: Theologische Studien und Kritiken 1860, 571–597, hier: 593 f.

Versuch, den Begriff der Kanonizität zu untergraben. Denn damit habe er sich selbst der katholischen „Geschichtsbetrachtung" angenähert. Auch sein Versuch, das Christentum historisch aus den vorchristlichen Religionen zu erklären, stehe katholischen Ideen nahe, denen es an Einsicht in den spezifischen Gegensatz zwischen dem Christentum und den alten Religionen mangele.[72]

Die von Holtzmann und dann von Ritschl vertretene kontrapunktische Definition des protestantischen ‚Wesens' richtete das antitraditionelle Schriftprinzip als Gegenpol gegen innerprotestantische Kritik und als antiultramontanistisches Argument gegen den römischen Katholizismus zugleich auf. Dem folgten eine Vielzahl von Texten verschiedener Provenienz. In direkter Entgegnung auf Holtzmann diagnostizierte der römisch-katholische Schweizer Theologe und Möhler-Schüler Anton Tanner, dass sich mit dem katholischen Traditionsprinzip und mit dem protestantischen Schriftprinzip eine jeweils „ganz eigenthümliche Anschauung des Christenthums, der ganzen geistigen und sittlich-religiösen Bildungsgeschichte der Menschheit" verknüpfe.[73] Während der Katholizismus die Tradition als „Quelle der christlichen Wahrheit" verstehe, habe sich der Protestantismus mit seinem Schriftprinzip und der Verwerfung der dogmatischen Tradition in „unauflösliche Widersprüche" verwickelt,[74] obwohl doch auch der Protestantismus nur durch das „traditionelle Bewusstsein" bestehe.[75] In einer ersten Phase des Protes-

---

72 Ritschl, Rezension (wie Anm. 71), 597.
73 Anton Tanner: Ueber das katholische Traditions- und das protestantische Schrift-Princip. Ein Beitrag zur Symbolik, Luzern 1862, VII.
74 Tanner, Traditions- und Schrift-Princip (wie Anm. 73), 75.
75 A. a. O., 172.

tantismus sei das Schriftprinzip einseitig betont worden und habe zu einem „despotischen Druck geführt", der in einer zweiten Phase seit dem 18. Jahrhundert „nach und nach in gänzliche Anarchie überging".[76] Selbst anstelle der Rechtfertigungslehre *sola fide* sei heute im Protestantismus die Lehre eines „durch keine Autorität und keine bestimmten Glaubenswahrheiten gehemmten oder geleiteten unbedingten Fortschritt[s] des menschlichen Geistes" getreten.[77] Dass als deren Folge die Kirchen leer geworden seien, habe zu einer neuen Sehnsucht nach Kultus im Protestantismus geführt,[78] der sich in nationalistischen und pantheistischen Kulten oder in „allgemeinen Völkerfesten" niederschlage, in denen der „Humanitätsidee die Verehrung" dargebracht werde.[79]

Diese freilich nur als Schlaglichter präsentierbaren Auseinandersetzungen zeigen auch den konfessionspolitischen Hintergrund der preußisch-protestantischen Staatspolitik, in denen das Schriftprinzip politisch aufgeladen und instrumentalisiert worden ist. Nach dem I. Vaticanum und um den Kulturkampf der 1870er Jahre herum folgten eine ganze Reihe weiterer Texte, die nun ausdrücklich das Schriftprinzip als protestantisches Kernmerkmal gegen das Infallibilitätsdogma und gegen den Katholizismus insgesamt ins Feld führten.[80]

---

[76] A. a. O., 306.

[77] A. a. O., 179.

[78] A. a. O., 380.

[79] A a. O., 386.391.

[80] Vgl. z. B. August Wilhelm Dieckhoff: Schrift und Tradition. Eine Widerlegung der förmlichen Lehre vom unfehlbaren Lehramte und der römischen Einwürfe gegen das evangelische Schriftprinzip, mit besonderer Beziehung auf die Schrift des Freiherrn von Ketteler, Bischofs von Mainz: „Das allgemeine Concil und seine Bedeutung für unsere Zeit". 2. Aufl. Rostock;

Einer der ersten, für den akademischen Diskurs entscheidenden Texte dürfte allerdings die für sein Untersuchungsfeld grundlegende Hermeneutikgeschichte Wilhelm Diltheys gewesen sein. Sie zielte auf eine Verwissenschaftlichung des protestantischen Schriftprinzips ab und attestierte ihm für die Geistesgeschichte ingesgesamt einen maßgeblichen Fortschrittsimpuls. Dilthey schrieb dem reformatorischen Schriftprinzip geradezu eine fundamentale Rolle für die Hermeneutik insgesamt zu, deren Gipfelpunkt bei Schleiermacher erreicht worden sei. Pikanterweise fehlt in Diltheys Fortschrittsgeschichte jedoch Luther. Den Anfangspunkt und die Urheberschaft der reformatorischen Hermeneutik zur Verteidigung des reformatorischen Schriftprinzips hat bei Dilthey erst Matthias Flacius inne.[81] Flacius' Hauptaufgabe sei es gewesen, nicht einfach nur die wissenschaftliche Autorität der Kirchenväter zu erledigen, sondern auch die Suffizienz und

---

Malchin 1876 [1. Aufl. 1870]; Julius Greve: Der Kampf um die heilige Schrift und ihre Inspiration mit Rücksicht auf Dr. Dieckhoff, Dr. Geß u. a., Cottbus 1892; August Wilhelm Dieckhoff: Noch einmal über die Inspiration und Irrthumslosigkeit der heiligen Schrift, Rostock 1893; Friedrich Wilhelm Kropatschek: Das Schriftprinzip der lutherischen Kirche. Geschichtliche und dogmatische Untersuchungen, Leipzig 1904.

[81] Wilhelm Dilthey: Die Hermeneutik vor Schleiermacher, in: Wilhelm Dilthey: Gesammelte Schriften. Bd. 14,2: Leben Schleiermachers, Bd. 2: Schleiermachers System als Philosophie und Theologie, hrsg. von Martin Redeker. Göttingen 1966, 597–659, hier: „1. Älteste Systeme der Hermeneutik. Flacius, Franz und Glassius", 597–611. Diltheys Text basiert auf seiner Preisschrift über die Hermeneutik Schleiermachers von 1893. Dass die „hermeneutische Wissenschaft" als solche erst im „Protestantismus" nach der Zurückweisung des „reformatorische[n] Schriftprinzip[s]" durch das Tridentinum begonnen habe und Flacius der Erste gewesen sei, der eine Hermeneutik zur Verteidigung des Schriftprinzips vorgelegt habe, meint auch Claus v. Bormann: Art. Hermeneutik I. Philosophisch-theologisch, in: TRE 15 (1986), 108–137, hier: 112.

Verständlichkeit der Schrift nachzuweisen und ihre Ganzheit aus ihrer „Totalität" als Prinzip zu erfassen.[82] Folgt man Dilthey, dann ist das nicht einmal Luthers Thema, geschweige denn sein Verdienst gewesen. Allgemeine Auslegungsregeln, historische Umstände, Grammatik und Rhetorik seien mit und nach Flacius in die reformatorische Hermeneutik eingezogen. Aus Diltheys Sicht ging daher der Angriff im Grunde vom Konzil in Trient aus, wo die Lehre von der „hermeneutischen Unzulänglichkeit der Schrift und der ergänzenden Autorität der Tradition" zugleich begründet worden sei.[83]

Im Einzelnen kann auch die Debatte um die Hermeneutik, zu der sich die Rede vom Schriftprinzip nun verschoben hatte, nach Dilthey hier nicht aufgerollt werden, aber entscheidend ist wohl, dass ein viel zitierter Aufsatz in dieser Frage direkt an Dilthey anknüpfte. Karl Holl hat in expliziter Wendung gegen Dilthey nun Luther als entscheidenden Protagonisten des reformatorischen Schriftprinzips ausgemacht und ihn zum maßgeblichen Träger des Fortschritts in der „Auslegungskunst" erhoben, mit der merkwürdigen Pointe, Luther habe der Urkunde ihr „Eigenrecht"[84] zurückgegeben; *scriptura sacra sui ipsius interpres* sei damit ein Ereignis für die Geistesgeschichte insgesamt gewesen. Ausdrücklich kritisierte Holl Diltheys Ignoranz gegenüber Luther und stellte zudem fest, dass das Thema „Auslegungskunst" und Luther bislang fast gar nicht untersucht worden sei.[85]

---

[82] Vgl. a. a. O., 599 f.603. Allerdings sei, räumt Dilthey ein, auch schon Flacius vorgeworfen worden, die Väter reichlich zu benutzen, obwohl er sie verworfen habe (602). Zu Flacius vgl. Rudolf Keller: Der Schlüssel zur Schrift. Die Lehre vom Wort Gottes bei Matthias Flacius Illyricus, Hannover 1984.

[83] Vgl. a. a. O., 598.

[84] Vgl. Holl, Bedeutung (wie Anm. 51), 429.

[85] Vgl. a. a. O., 414 f.

Es kann daher notiert werden, dass das reformatorische Schriftprinzip zwar an die konfessionellen Auseinandersetzungen im 19. Jahrhundert anknüpfte, aber in seiner engen Verbindung mit Luther im Grunde ein Produkt der Lutherrenaissance der ersten Jahrzehnte des 20. Jahrhunderts gewesen ist.[86]

Mit kritischer Referenz auf Holls Ansatz hat dreißig Jahre nach ihm Gerhard Ebeling und dann seine Schule – bei allem bereits angedeuteten eigenen Zweifel – Luther zu *dem* Repräsentanten des Schriftprinzips gemacht.[87] Auch nach Ebelings Lesart findet sich der entscheidende Erstansatz zur Erforschung der Hermeneutik Luthers in der Tat erst bei Karl Holl und dann in weiteren Texten von Autoren der sogenannten Lutherrenaissance vor allem aus den 1930er Jahren. Sowohl Ebeling als auch Holl behaupteten damit, dass das Schriftprinzip vor Holl kein zentrales Diskursthema gewesen ist und es sich demnach um ein Prinzip des 20. Jahrhunderts handelt.

Für Ebeling hatte Luther durch die Preisgabe der vierfachen Schriftauslegung und sein Verständnis der Schriftaussagen über Gott als existentiale Glaubensaussagen geradezu einen „Umbruch in der Geschichte der Hermeneutik" bewirkt.[88] Dass sich diese These im Blick auf Luther selbst und hinsichtlich der zeitgenössischen und späteren Autoren kaum aufrecht erhalten lässt, ist auch ein Thema der folgenden Ausführungen. Neben Holl ist es aber offenbar Ebelings Ansatz

---

[86] Vgl. dazu insgesamt: Heinrich Assel: Der andere Aufbruch. Die Lutherrenaissance – Ursprünge, Aporien und Wege: Karl Holl, Emanuel Hirsch, Rudolf Hermann (1910–1935), Göttingen 1994.

[87] Vgl. Ebeling, Anfänge (wie Anm. 16). 173; Kritik an Holl: A. a. O., 177. Zu der auf Holl folgenden Literatur: 173 (u. a. Emanuel Hirsch, Hans Schmidt, Paul Althaus, Erich Seeberg, Johannes Hempel, Peter Meinhold).

[88] Ebeling, Anfänge (wie Anm. 16), 230.

gewesen, der entscheidend zu der bis heute anhaltenden Gewohnheit geführt hat, vom reformatorischen Schriftprinzip oder *vice versa* von der „Krise" dieses Schriftprinzips zu sprechen. Denn schon wenige Jahre nach Ebeling hat Wolfhart Pannenberg den Startschuss zu der Rede von der „Krise des Schriftprinzips"[89] gegeben, die seither wie ein Selbstläufer zitiert wird, im Grunde aber von Voraussetzungen ausgeht, die nur im Blick auf den konkreten reformatorischen Kontext historisch überprüfbar sind. Die Formel von der „Krise des Schriftprinzips" bezieht sich also im Grunde auf eine Debatte des 20. Jahrhunderts.

1.2.4 Schriftargument, Streitprinzip, Ausschließungsinstrument

Wenn im Folgenden in die Kontexte um 1520 geblickt wird, steht die Frage im Hintergrund, inwieweit überhaupt von einem Schriftprinzip die Rede sein kann, das in die Krise geraten sei, und was dieses Schriftprinzip mit dem 16. Jahrhundert zu tun hat. Denn für die reformatorischen Auseinandersetzungen wäre vor allem festzustellen, dass die Autorität und die argumentative Rolle der Heiligen Schrift stets zur Debatte standen und diesen Debatten kein irgendwie klar formuliertes und konzeptionell ausgearbeitetes *Prinzip* vorausging. Hinsichtlich des reformatorischen Kontextes wäre nicht vom Schriftprinzip, sondern vom Schriftargument oder von der Argumentation mit der Heiligen Schrift zu sprechen. Der hilfreiche Vorschlag Gerhard Sauters, eher von einem „Streitprinzip" als von einem Schriftprinzip zu sprechen,[90] wäre nicht nur im Blick auf heute gegenwärtige Debatten,

---

89 Vgl. Wolfhart Pannenberg: Die Krise des Schriftprinzips, in: Ders.: Grundfragen systematischer Theologie. Bd. 1, Göttingen 1967, 11–21.

90 Vgl. Sauter, Schrifttreue (wie Anm. 19), 266.

sondern eben auch dort zu historisieren, wo das Schriftprinzip vermeintlich entwickelt worden ist. Dem jeweils konkret historischen Kontext – seiner singulären Historizität und Positionalität – vermögen weder vergangene noch gegenwärtige Diskussionen und Standpunkte zu entrinnen.

Die historische Spurensuche führt daher *erstens* zu den konkreten Positionen, gegen die das Schriftargument am Anfang gerichtet war, und zu den jeweils aktuellen Diskussionen, in die eine sich selbst auslegende Heilige Schrift *allein* als Abwehrargument eingebracht wurde. Dadurch kann *zweitens* deutlich werden, dass diese Schriftargumentation am Ort ihrer Behauptung konkreten Grenzen ausgesetzt war, weil sie jeweils in einmaligen Kontexten entwickelt worden ist. Die Betrachtung dieser Kontexte könnte Überfrachtungen vermeiden, die dem *sola scriptura* durch Fundamentalisierungen oder durch ambitionierte modernisierende Umdeutungen auferlegt worden sind. *Drittens* könnte dadurch der Blick auf die theologischen Verluste geöffnet werden, die das *scriptura sacra sui ipsius interpres* dadurch gemacht hat, dass es als Argument in den reformatorischen Debatten und später zu einem zuweilen unerbittlichen Ausschließungsinstrument versteinert worden ist, indem es aus den konkreten Fronten ewige Fronten gemacht hat. Eben dadurch ist aus dem Schriftargument zunehmend und letztendlich seit dem 19. Jahrhundert ein Schriftprinzip geworden, das nicht nur gegen die römischen Katholiken gerichtet blieb, zur evangelischen Selbstidentifikation als „Nichtrömer", sondern auch gegen verschieden akzentuierte Positionen im eigenen Lager: gegen Pietisten, sogenannte Spiritualisten, Theosophen, „Erweckte", Aufklärer.

2. Der Beginn im Ablassstreit

Obwohl nicht selten die Ansicht vertreten wird, Luther sei wegen seiner neuartigen Hermeneutik zum Reformator geworden[91] und nicht wegen seiner Rechtfertigungslehre, lässt sich ohne Weiteres zeigen, in welchen Diskussionen das Sola scriptura-Argument erstmals auftaucht. Luther bringt es in der Ablassdebatte vor, bei der es aber zunächst nicht um die Schrift, sondern um die Ablass- und Bußlehre sowie um die Lehre vom *thesaurus ecclesiae* ging, aus dem die Kirche Sünden- und Bußstrafen erließ.[92] Dass die römische Lehre und Praxis *nicht* schriftgemäß sei, exerziert Luther 1517 anhand der Auffassung vom Fegefeuer und 1518 anhand der gesamten Bußpraxis.[93] Sein Verhör durch den Dominikanergeneral Kardinal Thomas Cajetan (Tommaso de Vio) Mitte Oktober 1518 entbehrt nicht einer gewissen Brisanz, denn Cajetan gehörte mit Erasmus von Rotterdam zu den prominenten Gelehrten, die anerkannten, dass der Bibelkanon historisch entstanden sei und die ihn deswegen in Frage stellten[94] – eine Perspektive,

---

91 Vgl. erneut Ebeling, Anfänge (wie Anm. 16), 176.

92 Zum Ablassstreit vgl. aus dieser Perspektive insbesondere auch David V.N. Bagchi: Luther's Earliest Opponents. Catholic Controversialists 1518–1525, Minneapolis 1991,17–44.

93 Vgl. zum Überblick Martin Brecht: Martin Luther. Sein Weg zur Reformation 1483–1521, Berlin 1986 [Stuttgart 1981], 173–215.

94 Vgl. Gunther Wenz: Kirche. Studium Systematische Theologie. Bd. 3, Göttingen 2005, 216 f. Inwieweit Cajetans Kanonskritik ein Ergebnis seines Kontakts mit Luther war, wie es Bernhard Lohse nahelegt, oder schon vorher durch seine Beziehungen zu Erasmus ausgeprägt worden ist, wäre

die bis in unsere Zeit etwa von Gunther Wenz und Gerhard Ebeling als stärkstes römisches Argument gegen das protestantische Schriftprinzip betrachtet wird,[95] weil sie der Tatsache Rechnung trägt, dass dem Kanon eine kanonbestimmende Instanz vorausgeht. Dass Cajetan beim Lutherverhör Schrift *und* Kirchenrecht als Verhandlungsgrundlage forderte, scheint seiner Distanz gegenüber dem Kanon entsprochen zu haben. Als er für die Lehre vom Kirchenschatz nicht aus der Schrift, sondern mit der päpstlichen Bulle *Unigenitus Dei Filius* von 1343 argumentierte, forcierte Luther seine Position: er lehnte zunächst diese Bulle ab, weil sie nicht schriftgemäß sei und weil der Papst unter der Schriftautorität stehe. Dem widersprach Cajetan mit der Behauptung, der Papst stünde über Schrift, Konzil und Kirche – eine innerkirchlich keinesfalls unumstrittene, von dem Dominikanertheologen und päpstlichen Hauptinquisitor Prierias (Silvester Mazzo-

---

noch genauer zu untersuchen. Vgl. Bernhard Lohse: Die Entscheidung der lutherischen Reformation über den Umfang des alttestamentlichen Kanons, in: Wolfhart Pannenberg und Theodor Schneider (Hrsg.): Verbindliches Zeugnis I. Kanon – Schrift – Tradition. Freiburg i. Br.; Göttingen 1992, 169–192, hier: 175 f. Kanonskritik hatte freilich bei manchen Autoren des 15. Jahrhunderts, die Erasmus und Cajetan vorgelegen haben dürften, schon Konjunktur, vgl. Giannozzo Manetti: Über die Würde und Erhabenheit des Menschen. De dignitate et excellentia hominis, Hamburg 1990, 123; Charles Trinkaus: In Our Image and Likeness. Humanity and Divinity in Italian Humanist Thought. Notre Dame 2012 [1970], 571–601, passim; zu Manetti insgesamt: Martin Schmeisser: „Wie ein sterblicher Gott ...". Giannozzo Manettis Konzeption der Würde des Menschen und ihre Rezeption im Zeitalter der Renaissance, Paderborn 2006.

95 Vgl. Gunther Wenz: Sola scriptura? Erwägungen zum reformatorischen Schriftprinzip, in: Jan Rohls und Gunther Wenz (Hrsg.): Vernunft des Glaubens. Wissenschaftliche Theologie und kirchliche Lehre. FS Wolfhart Pannenberg. Göttingen 1988, 540–567, hier: 557; vgl. gleichlautend Wagner, Autoritätsanspruch (wie Anm. 20), 82; Luz, Sola scriptura (wie Anm. 10), 30.

lini)[96] vertretene ,papalistische' Radikalität, die für Luthers
weiteres Vorgehen aber der Ausgangsort seiner Argumentation wurde, so dass bezweifelt worden ist, ob der eigentliche
Konfliktpunkt beim Verhör in Augsburg und dann noch bei
der Leipziger Disputation überhaupt die Ablassfrage gewesen
sei.[97]

Denn bereits der ersten Vorladung Luthers nach Rom lag
Prierias' *De potestate papae dialogus* bei, in dem Luthers 95
Thesen in erster Linie ekklesiologisch und im Sinne eines
scharfen ,Papalismus' begegnet wurde – nicht etwa auf der für
Luther zentralen theologischen Ebene der Ablass- und Bußpraxis. Prierias legte hier dar, dass die Gesamtkirche „essen-
tialiter" die Versammlung (convocatio) der Glaubenden sei,
„virtualiter" jedoch die römische Kirche als Haupt aller Kirchen. „Representative" sei die Kirche das Kardinalskollegium
(collegium Cardinalium), aber „virtualiter" der Papst (Ponti-
fex summus) als Haupt der Kirche. Ein „wahres Konzil" könne
sich zwar anfänglich irren, aber wenn es sein „Bestes" tue, er-
kenne es dann durch den Heiligen Geist die Wahrheit. Demgegenüber könne sich der Papst als Repräsentant der römischen Kirche – in seiner Eigenschaft als Papst – ebenso wenig
irren wie die Gesamtkirche, wenn er sein „Bestes" bei der
Wahrheitserkenntnis tue. Wer sich aber nicht an die unfehl-
bare Glaubensregel der römischen Kirche und des Papstes
halte, sei ein Ketzer. Von dieser unfehlbaren Glaubensregel
beziehe die Heilige Schrift ihre Autorität – eine klare Unterordnung der Schrift unter das Papstamt.[98] Der Papst als

---

[96] Vgl. Brecht, Luther (wie Anm. 93), 234 f.

[97] Vgl. Heiko A. Oberman: Wittenbergs Zweifrontenkrieg gegen Prierias und
Eck. Hintergrund und Entscheidungen des Jahres 1518, in: ZKG 80 (1969),
331–358, hier: 332.

[98] „Quicunque non innititur doctrine Romane ecclesie ac Romani pontificis,

Haupt der römischen Kirche verkörpere nichts weniger als die Trias der Wahrheit von Schrift, Lehre und Tradition. Ketzer seien alle, die falsch über die Wahrheit der Schrift, über Lehre und Handeln der Kirche, aber eben auch über die römische Ablasspraxis lehrten.[99]

Zusammen mit Latomus und anderen ‚Papisten' teilte Cajetan später den Standpunkt des Prierias und bescheinigte dem Papst lehramtliche Unfehlbarkeit in Glaubensfragen: „Eine kleine Frau kann größer und vollkommener sein als der Papst; aber im Blick auf seine jurisdiktionelle Gewalt ist ein sündiger Papst größer als viele rechtschaffene Leute."[100] Damit war die Ablassfrage im Lichte des extremen ‚Papalismus' von Prierias und Cajetan zur Autoritätsfrage mutiert worden.

Dass Cajetan in Augsburg die Auffassung Prierias' bestätigte – die Luther ja bereits seit mehr als zwei Monaten in den Händen hatte – und Luthers Insistieren auf Schriftbeweisen mit dem apodiktischen Hinweis auf die autoritative Rolle des Papstes begegnete, verschärfte nicht nur Luthers Widerspruch gegen die Ablasspraxis, seine Position wurde im Wi-

---

tanquam regule fidei infallibili, a qua etiam sacra scriptura robur trahit et auctoritatem, hereticus est." Silvester Prierias: Dialogus de potestate papae, in: Peter Fabisch und Erwin Iserloh (Hrsg.): Dokumente zur Causa Lutheri (1517–1521), 1. Teil: Das Gutachten des Prierias und weitere Schriften gegen Luthers Ablaßthesen (1517–1518), Münster 1988 (CCath 41), 53–56, hier: 55. Vgl. Oberman, Zweifrontenkrieg (wie Anm. 97), 337. Vgl. auch Friedrich Lauchert: Die italienischen literarischen Gegner Luthers, Nieuwkoop 1976 [=Freiburg i.Br. 1912], 9–20. Luther erhielt Prierias' Schrift am 7. August 1518, a. a. O., 15.

99 Vgl. Oberman, Zweifrontenkrieg (wie Anm. 97), 336 f.

100 Nach dem in Bagchi, Opponents (wie Anm. 92), 60 zitierten Text des Latomus De primatu romani sowie Cajetans De divina institutione pontificatus romani und Erzbischof Christophorus Marcello. Zu Cajetans Text vgl. auch Lauchert, Gegner (wie Anm. 98), 142–155.

derstand auf den Protest gegen diesen ‚Papalismus' verschoben. Auch Luthers Frontstellung gegen Tradition und Scholastik dürfte dadurch verstärkt worden sein, zumal schon Prierias weniger mit der Heiligen Schrift als mit Zitaten aus dem Werk Thomas von Aquins argumentierte.[101] Im Nachgang zu dieser Auseinandersetzung bestritt Luther im Dezember 1518 ausdrücklich, dass die berühmte Stelle Mt 16,18 f. von der Übertragung der Schlüsselgewalt für den Papst gelte, sondern diesem nur ein Ehrenvorrang eingeräumt werden dürfe.[102] Immerhin war mit dem päpstlichen Dekret *Cum postquam* am 9. November 1518 mitgeteilt worden, dass der Papst nicht nur Nachfolger des Schlüsselträgers Petrus, sondern auch „in terris vicarius Christi" sei, der durch die Vollmacht der Schlüssel (potestate clavium) das Himmelreich (regnum caelorum) aufzuschließen imstande sei. Die von Luther bezweifelte Ablasspraxis einschließlich des Ablasses für Verstorbene im purgatorium, die Vergebung der Aktualsünden und die Lehre vom thesaurus ecclesiae wurden ohne weitere biblische Begründung lediglich mit apostolischer Autorität (auctoritate Apostolica) für Lehre und Verkündigung vorgeschrieben – unter Androhung der Exkommunikation.[103] Luthers Beharren auf einer schriftbezogenen Argumentation wurde mit dem Argument der Kirchenautorität begegnet.

Ursprünglich war es das Geflecht Papst-Buße-Ablass-Fegefeuer, in dem Luther die Schriftlehre ins Feld führt, mit dem Ziel, die auf Cajetan zurückgehende Behauptung zu bestreiten, die Ablass- und Bußpraxis sei, wenn schon nicht

---

[101] Vgl. Oberman, Zweifrontenkrieg (wie Anm. 97), 338; Lauchert, Gegner (wie Anm. 98), 12.17.

[102] Vgl. Brecht, Luther (wie Anm. 93), 246.

[103] DH (wie Anm. 45), 1447–1449.

schriftgemäß, dann aber durch die päpstliche Autorität rechtmäßig. Dass sich Luther seit 1520 dazu verstieg, im Papstamt den Antichristen zu erblicken,[104] ist nicht nur eine Folge der kirchenpolitischen Zuspitzung, sondern eben auch eine aktualisierende Bibelexegese auf der Ebene des vermeintlich zurückgewiesenen 4. Schriftsinns, des *sensus anagogicus*, sofern es sich um eine apokalyptisch aktualisierende Schriftauslegung handelt. Zu Luthers brüsker Reaktion auf den radikalen ,Papalismus', der ihm in Gestalt des Prierias entgegentrat, gehört sein drastischer Aufruf zur Gewalt gegen die gesamte römische Kirchenhierarchie, der ihm seither immer wieder[105] als Eskalierung des Konflikts vorgehalten worden ist. Wenn die „Raserei der Romanisten" anhalte, sah er „kein anderes Heilmittel", als dass der Kaiser, die Könige und Fürsten sich mit Waffengewalt rüsten, diese Pest des Erdkreises angreifen und entscheiden, jetzt nicht mehr mit „Worten, sondern mit Eisen". Hinter den ,papalistischen Äußerungen', hier des Prierias, sah er niemand anderen als den Antichristen selbst.

---

104 Vgl. Luther an Spalatin, 24.2.1520, WA.B 2, 48; Epitoma responsionis ad Martinum Luther (per Fratrem Silvestrum de Prierio), Ende Juni 1520, WA 6, 347. Volker Leppin: Martin Luther, Darmstadt 2006, 148.

105 So von Hieronymus Emser: Auff Luthers grewel wider die heiligen Stillmeß Antwort Item wie, wo und mit wolchen wortten Luther yhn seyn büchern tzur auffrur ermandt, geschriben und getriben hat, Dresden 1525, zitiert nach: Hieronymus Emser: Schriften zur Verteidigung der Messe, hrsg. von Theobald Freudenberger. Münster 1959, 167, bis hin zu Karl Kautsky: Vorläufer des neueren Sozialismus. Bd. 2: Der Kommunismus in der deutschen Reformation, Berlin 1947 [1909], 20, und Ernst Bloch: Thomas Müntzer als Theologe der Revolution, Leipzig 1989 [1921], 101. Vgl. Luthers Entgegnung (und Bekräftigung) dieses Vorwurfs Emsers in Luther, Buch (wie Anm. 120), WA 7, 645 f.

Denn wenn

> „wir Diebe mit dem Strang, Mörder mit dem Schwert, Ketzer mit dem
> Feuer bestrafen; warum greifen wir nicht vielmehr mit allen Waffen
> diese Lehrer des Verderbens an; diese Kardinäle, diese Päpste und die
> ganze Rotte des römischen Sodoma, welche die Kirche Gottes ohne
> Unterlaß verderben, und waschen unsere Hände in ihrem Blut?"[106]

Das *sola scriptura* war bis hierher darauf beschränkt gewesen,
dass der Papst unter der Schrift stehe und nicht die Auslegungshoheit besitze. Bei dieser Konkretisierung blieb es zunächst auch; es ist nicht ersichtlich, dass Luther zu diesem
Zeitpunkt daran gearbeitet hätte, die Konsequenz einer sich
selbst auslegenden Schrift als alleinigem Wort Gottes überhaupt gesehen und die damit verbundenen Probleme bedacht zu haben. Mitte Juni 1520 wiederholte Luther diesen
Punkt noch einmal in der Adelsschrift als zweite Mauer. Daneben betonte er die Irrtumsfähigkeit des Papstes, das allgemeine Priestertum und die Schlüsselgewalt der ganzen Gemeinde.[107]

---

[106] „Mihi vero videtur, si sic pergat furor Romanistarum, nullum reliquum
esse remedium quam ut Imperator, reges et principes, vi et armis accincti,
aggrediantur has pestes orbis terrarum remque non iam verbis sed ferro
decernant. Quid enim lallant perditi homines, etiam communi sensu pri-
vati, quam id quod Antichristus facturus praedicitur, ac si nos insensa-
tiores quam trunci sunt habeant? Si fures furca, si latrones gladio, si hae-
reticos igne plectimus, Cur non magis hos Magistros perditionis, hos Car-
dinales, hos Papas et totam istam Romanae Zodomae colluviem, quae
Ecclesiam dei sine fine corrumpit, omnibus armis impetimus et manus
nostras in sanguine istorum lavamus, tanquam a communi et omnium
periculosissimo incendio nos nostrosque liberaturi? O foelices Christianos,
ubi ubi [sic!] fuerint, modo sub tali Romano Antichristo, sicut nos infoeli-
cissimi, non fuerint!" Epitoma responsionis ad Martinum Luther (per Fratrem Silvestrum de Prierio), [Juni] 1520, WA 6, 347,17–28; Übersetzung nach
Lauchert, Gegner (wie Anm. 98), 22 f.

[107] Vgl. Leppin, Luther (wie Anm. 104), 155–158.

Es scheint aber so, dass Luther seine Kritik am Ablass auf die Papstautorität noch aus einem anderen Grund umlenkte. Heiko A. Oberman hat nachdrücklich darauf hingewiesen, dass einer der entscheidenden Gründe dafür in Luthers scharf antipelagianischer Rechtfertigungslehre liegen dürfte. Denn Prierias hatte in seinem *De potestate papae dialogus*, den Luther als schriftliches Zeugnis der kirchenamtlichen Position Roms kannte, auch eine Begründung für die Behauptung der Unfehlbarkeit von Papst und Konzil abgegeben. Diese Irrtumslosigkeit ist für Prierias einmal pneumatologisch bedingt: sie ist von der Erleuchtung durch den Heiligen Geist abhängig. Und sie ist mit der Frage des freien Willens verknüpft: die ihr vorausgehende Erleuchtung ist davon abhängig, dass Papst oder Konzil ihr Bestes tun.[108] Dass Luther menschliche Willensanstrengungen als Voraussetzung für die Aufnahme der Gnade Gottes seit Mitte 1516 scharf ablehnte und als „Neopelagianismus" betrachtete, hat Oberman nachdrücklich unterstrichen.[109] Im Vorblick auf die weiteren Konflikte scheint es mir einzuleuchten, dass in Luthers radikal antipelagianischer Soteriologie vielleicht das entscheidende Kraftzentrum seiner Theologie zu sehen ist und dieses unbeirrt festgehaltene Zentrum ihn auch in die Eskalationsstufen seiner Auseinandersetzung erst mit der römischen Bußpraxis und dann mit der kirchlichen Autorität geführt hat, die ihm in Gestalt des konsequenten ‚Papalismus' von Prierias entgegengetreten war. Das Schriftargument wäre Luthers Instrument und Vehikel in dieser Front gegen Rom ge-

---

[108] „Facientibus quod in se est Deus non denegat gratiam." Zitiert nach Oberman, Zweifrontenkrieg (wie Anm. 97), 339.

[109] Vgl. Oberman, Zweifrontenkrieg (wie Anm. 97), 339 f.

wesen, und dessen Zentrum war, wie sich immer deutlicher zeigte, Luthers Soteriologie des *solus Christus*.

Ausformuliert hatte Luther die Stoßrichtungen seines Schriftarguments erstmals in der *Assertio omnium articulorum* zum Jahreswechsel 1520/21 als Reaktion auf die Bannandrohungsbulle. In der *Assertio* wiederholte Luther *erstens*, die Autorität eines Heiligen Vaters dürfe nur gelten, wenn sie schriftgemäß sei.[110] *Zweitens* erinnerte er sich offenbar an Cajetan und Prierias und warf den Römern vor, nicht in der Schrift, sondern *nur* in Kommentaren und in den Kanones der Päpste zu lesen, denen sie auch noch unterstellen würden, sie könnten nicht irren[111] – eine Formulierung, die sich bis dahin eben nicht nur im *Dictatus Gregoriae Papae* von 1075 befand, sondern ganz aktuell von Prierias vertreten worden war und Luther vor Augen stand. *Drittens* aber setzte Luther einen entscheidenden neuen Akzent: Die Schrift nur durch Kommentare verstehen zu können, habe niemand anderes als Satan selbst eingeflüstert.[112] Diese Diabolisierung ist insofern besonders zu notieren, als Luther, wie im Folgenden noch zu zeigen ist, sie fortan immer wieder gegen diejenigen vorbrachte, die seine Auslegung nicht teilten. *Viertens* wies Luther auch klar die Vorstellung ab, man könne die Schrift mit dem *eigenen* Geist auslegen.[113] Das sei im Blick auf die eingangs genannten Positionen vermerkt, im reformatorischen Schriftprinzip entweder den Platzhalter für die moderne Subjektivität oder den Beginn einer Schriftauslegung mit Mitteln der Vernunft zu sehen. So hatte es Luther jedenfalls nicht geplant. Er notiert in der *Assertio*:

---

[110] Vgl. Luther, Assertio (wie Anm. 50), WA 7, 96, deutsch: 76 f.

[111] Vgl. ebd.

[112] Vgl. a. a. O., deutsch: 78 f.

[113] Vgl. a. a. O., 96 f., deutsch: 78 f.

> „Ich will nämlich nicht gelehrter erscheinen [als alle anderen], sondern will, dass die Schrift regiert und sie nicht nach meinem eigenen Geist oder dem [Geist] irgendwelcher Menschen ausgelegt wird."[114]

Denn *fünftens* könne die Schrift nicht aus dem eigenen, sondern nur aus dem Geist dessen verstanden werden, durch den sie geschrieben sei.[115] Diese doppelte Geistbindung impliziert, dass eben nicht der eigene Geist oder die *ratio* des Menschen, sondern der *spiritus sanctus* als Autor und wahrer Interpret gilt. Obwohl Luther nachschob, er wolle die Bibel nicht nach seinem eigenen Geist auslegen,[116] so ist doch in dieser Abwertung der Vernunft die Spur gelegt zu der These, der wahre Schriftausleger verfüge – im Gegensatz zu anderen – eben auch allein über den wahren Geist. Und in der Tat behauptete Luther ebenfalls schon in der *Assertio*: Im Gegensatz zum Papst, der hier bereits indirekt mit dem Teufel gleichgesetzt wird, besitzen wir „den klaren Sinn des Evangeliums, der mit Recht allem vorzuziehen ist".[117] Dies haben Luthers frühe Kontrahenten insbesondere attackiert, wie noch zu zeigen ist. Auf merkwürdige Weise ist dieser Wahrheitsanspruch hier mit dem Schriftprinzip verbunden: Denn *sechstens* ist die Schrift sich selbst ganz gewiss, zugänglich, verständlich und ihr eigener Ausleger.[118]

Dass die Schrift klar sei, heißt hier: nicht die Vernunft oder der eigene Geist, nicht der Papst, nicht die Kommentare, nicht

---

[114] A. a. O., 98 f. („Nolo doctior iactari, sed solam scripturam regnare, nec eam meo spiritu aut ullorum hominum interpretari, sed per seipsam et suo spiritu intelligi volo."), deutsch: 83–85 [Zufügungen in der Übersetzung].

[115] Vgl. a. a. O., 97, deutsch: 78 f.

[116] Vgl. a. a. O., 98, deutsch: 82–85.

[117] Vgl. a. a. O., 129 f. („Quia nos clarum Evangelii sensum habemus merito omnibus praeferendum."), deutsch: 162 f.

[118] A. a O., 97, siehe oben Anm. 50.

die Kirchenväter, nicht ein mehrfacher Schriftsinn, sondern
die Schrift selbst erklärt sich ohne fremde Auslegung.[119] Geradezu mit anarchistischer Attitüde forderte Luther kurze
Zeit später, man solle gar keinem Lehrer einfach glauben, sondern sie alle an der Schrift prüfen.[120] Hier geht es programmatisch gerade nicht um die Freiheit oder die Vernunft des
Subjekts. Luther zielte auf die Forderung ab, dass nichts anderes als das Wort Gottes regiere.[121]

Auch in seiner Verteidigungsrede auf dem Reichstag zu
Worms ist das im Grundsatz nicht anders dargestellt. Auf den
ersten Blick stehen das Zeugnis der Schrift*en* und vernünftige
Gründe nebeneinander. Durch die allein wolle er sich über-
winden lassen, denn Papst und Konzilien hätten sich wiederholt geirrt.[122] Zuvor hatte er allerdings darauf hingewiesen,
dass sein Gewissen durch Gottes Worte gefangen sei.[123] Damit
erklärt Luther die Bibel zur unumstößlichen Superautorität,
um die anderen in Frage kommenden Autoritäten radikal
auszuschließen. Sie kann durch nichts relativiert oder inter-

---

[119] Insofern kann Gerhard Sauters, Schrifttreue (wie Anm. 19), 267, Feststellung Recht gegeben werden: „So erweist sich das *sola scriptura* als Alternative zur Letztberufung auf die Kirche (*sola ecclesia*), auf das eigene Gewissen (*sola conscientia*), auf die Vernunft (*sola ratio*) oder gar auf die eigene
Gemütsstimmung (*sola affectus*)." Vgl. aber unten zu Anm. 395.

[120] Vgl. Martin Luther: Auff das ubirchristlich, ubirgeystlich und ubirkunst-
lich Buch Bocks Emszers zu Leypczick. Antwortt D. M. L. Darynn auch
Murnarrs seinß geselln gedacht wirt (1521). WA 7, 640.

[121] Vgl. Luther, Buch (wie Anm. 120), 640. Vgl. dazu auch Armin Buchholz:
Schrift Gottes im Lehrstreit. Luthers Schriftverständnis und Schriftauslegung in seinen drei großen Lehrstreitigkeiten der Jahre 1521–28, Frankfurt
am Main et al. 1993, 23.

[122] „Nisi convictus fuero testimoniis scripturarum aut ratione evidente [...]"
WA 7, 838,4.

[123] „[...] capta conscientia in verbis dei [...]". WA 7, 838,7.

pretiert werden außer aus sich selbst, und genau dadurch wird der Schrift ein Wahrheitsstellenwert eingeräumt, der auf Gott selbst zurückgeht und jeder irdischen Wahrheitsbehauptung einen satanischen Ursprung unterstellt. Auf diese Weise sind Akzente gesetzt, die für die einen die Selbstevidenz der Schrift belegen, bei den anderen aber eine Reihe kritischer Einwände hervorrufen. Eine tiefergehende Erklärung seines Konzepts hatte Luther hier nicht abgegeben, sondern er hatte die Wahrheit seines Schriftbezugs gegen bestimmte Frontstellungen „behauptet", nicht nur „bekräftigt", wie die neueste Übersetzung der *Assertio* missverständlich verdeutscht.[124] Gerade Erasmus von Rotterdam hatte angesichts dieser geradezu axiomatischen Behauptung von Wahrheit den Platz auf der Seite der Skeptiker gewählt, weil er anstelle von überzeugenden Argumenten, Beweisen und Thesen nur den Anspruch auf Gewissheiten erblickte, die ihm in Wirklichkeit nicht mehr als nur Meinungen des *assertor non scepticus* Luther waren.[125]

---

[124] So die Übersetzung der Assertio bei Härle (wie Anm. 50).

[125] Vgl. hier Erasmus von Rotterdam: Hyperaspistes diatribae adversus servum arbitrium Martini Lutheri. Liber primus. Erstes Buch der Unterredung „Hyperaspistes" gegen den „unfreien Willen" Martin Luthers, in: Ausgewählte Schriften, hrsg. von Werner Welzig. Bd. 4, Darmstadt 1995, 198–675, hier: 279.383.431.569, passim. Die Wendung *assertor non scepticus* bezieht sich auf diese Stelle: „[...] qui sic odit Scepticos, professus assertorem" (a. a. O., 278).

3. Erster Angriff, erste Verteidigung

3.1 Hieronymus Emser

Der Erste, der eingehend Luthers Thesen aufgriff, war Hieronymus Emser in Leipzig, Hofkaplan Herzog Georgs von Sachsen. Anlass war für ihn vor allem Luthers Lehre vom allgemeinen Priestertum in der Adelsschrift, aber seine Argumente betrafen auch die Auslegung der Bibel. In seiner Streitschrift *Wider das unchristenliche Buch Martini Luthers Augustiners, an den Tewtschen Adel außgangen* wies Emser Luthers Behauptung zurück, nur der Papst dürfe die Schrift auslegen. Emser hielt ihm vor, eine Fabel zu bekämpfen, die er selbst erdichtet habe. Ohne zu sagen, worin er diese Grenze genau erblickte, unterstellte Emser, niemandem sei die Schriftauslegung verwehrt, der das Ziel „der alten Christenlichen lerer nicht" überschreite.[126] Schriftauslegung ist für Emser, der selbst einst zu Luthers Anhängern gehört hatte,[127] Sache der

---

[126] Hieronymus Emser: Wider das unchristenliche Buch Martini Luthers, Augustiners, an den Tewtschen Adel außgangen, in: Luther und Emser. Ihre Streitschriften aus dem Jahre 1521, hrsg. von Ludwig Enders. Bd. 1, Halle 1890, 1–145, hier: 40: „Diße fabel das nyement die schrift außlegen soll dann der Bapst, hat Luther selber ericht, dann die Christentliche kirch weret keynem die schrifft aus tzu legen, der das tzil der alten Christenlichen lerer nicht uberschreitet [...]".

[127] Für die sehr überschaubare Emser-Forschung vgl. Heribert Smolinsky: Augustin von Alveldt und Hieronymus Emser. Eine Untersuchung zur Kontroverstheologie der frühen Reformationszeit im Herzogtum Sachsen, Münster 1983; Bryan D. Mangrum und Giuseppe Scavizzi (Hrsg.): A Reformation Debate: Karlstadt, Emser, and Eck on Sacred Images. Three Trea-

ganzen Kirche. Und auch die Schlüsselgewalt sei nicht dem Papst, sondern der ganzen Gemeinde gegeben worden.[128] Dem Papst wollte Emser nur die Rolle eines Schiedsrichters zuerkennen, und zwar im Falle von Lehrstreitigkeiten und bei der Beurteilung neuer Offenbarungen.[129] Luthers Hauptargument für das *sola scriptura*, die Zurückweisung der Auslegungshoheit des Papstes, fiele auf diese Weise eigentlich dahin.

Es sei ferner sehr nützlich, wandte Emser unter Berufung auf Augustinus ein, wenn es angesichts der Dunkelheit der Schriftaussagen vielerlei Meinungen gebe.[130] Denn, präzisierte er in der *Quadruplica*, die Bibel sei nicht nur einfach dunkel, sondern enthalte an mindestens hundert Stellen in beiden Testamenten Widersprüche.[131] Manche Passagen in beiden Testamenten seien noch überhaupt nicht ergründet worden. Wie könne Luther trotz dieser seit Langem umstrittenen Unklarheiten sagen, dass die Schrift „clar, lawter und hell" sei und keiner Auslegung bedürfe?[132]

---

tises in Translation. Toronto 1998; Saskia Braun: „Wider das unchristliche Buch Martin Luthers ...". Zur rhetorischen Komposition in Hieronymus Emsers *refutatio* auf Luthers Adelsschrift. In: Daphnis 38 (2009), 491–526.

[128] Vgl. Emser, Buch (wie Anm. 126), 41 f. „Sie [die Schlüssel – FS] sint der gantzen gemeind tzu trost unnd tzu geben, das ynen damit allen der himel auffgeschlossen werden sol. Aber nit, das sie ynen selbs auffschliessen sollen oder mugen, als wenig als sich die schaff, on ein hirtten selbs weyden mogen. Das aber Christus nicht aleyn vor Petrum sonder vor uns all gebeten hab, das konnen wir al wol erleyden und hor niemant der das anfecht."

[129] Vgl. a. a. O., 39 f.41.

[130] Vgl. a. a. O., 40.

[131] Hieronymus Emser: Quadruplica auff Luthers jüngst gethane Antwort, sein Reformation belangend. In: Enders, Luther und Emser (wie Anm. 126), Bd. 2 (1892), 129–183, hier: 158: „Item die schrifft ist nith aleyn tunckel und finster, sonder ouch an vil orten einander widerwertig und tzuvorauß das evangelium uber an hundert stellen."

Luther hatte bisher zwar die Selbstauslegung der Schrift ohne Autoritäten gefordert, nicht aber, dass das Wort Gottes ausschließlich in der Schrift zu finden sei.[133] Das warf ihm Emser nun doppelt vor. Luthers *sola scriptura* ist ihm eine unzumutbare Beschränkung der Wirkung des Heiligen Geistes. Dieser wirke einerseits in der Kirche und in ihren Ordnungen, aber natürlich auch in den Sakramenten.[134] Andererseits sei es der Geist gewesen, der den Propheten und Evangelisten die Schrift eingegeben habe. Zwar sei der wertvollste Teil des Menschen die Vernunft, aber „unßer vorstentnis" sei zu schwach, um allein die Schrift erkennen zu können – da helfe zudem die Kenntnis der Kirchenväter, die ja auch nicht ohne Geist gewesen seien.[135] Jedem sei es aber freigestellt, Kirchenväter zu lesen und beim Väterglauben zu bleiben oder Luther nachzufolgen und alles „umbtzustossen und tzerreyssen".[136]

Ferner betonte Emser, dass nicht nur die kirchlichen Bräuche, sondern auch die zentralen Dogmen und Lehren nicht in der Schrift stünden: die Wasser- und Kindertaufe, die Trinität, die Priesterweihe, dass Maria Gottesgebärerin gewesen sei. Der Heilige Geist habe diese Dogmen und Lehren in

---

[132] A. a. O., 159: „Ja es sint noch in beiden testamenten vil spruch, die keyn doctor bis auff diesen heutigen tag hat gentzlich mogen ergrunden oder außlegen. Wie kann dann der vorlogen Monch sagen, die schrifft sey so clar, lawter und hell, das sie keyner glos oder außlegung bedorff. Pfui dich du unvorschempter betler, wie bist du so gantz vormessen."

[133] Dazu ging Luther nach dem Streit mit Müntzer und Karlstadt über, vgl. unten zu Anm. 330.

[134] Vgl. Emser, Buch (wie Anm. 126), 12; Emser, Quadruplica (wie Anm. 131), 151–153; Smolinsky, Alveldt (wie Anm. 127), 285.

[135] Vgl. Emser, Buch (wie Anm. 126), 13.

[136] Vgl. a. a. O., 14.

der Kirche bewirkt.[137] Das ist der betont *kirchliche* Einwand Emsers.

Gewissermaßen auf der bibelinternen Ebene wies er darauf hin, dass Christus nach Joh 14 selbst den Geist verheißen habe,[138] dass in den Evangelien Hinweise auf ungeschriebene Worte Christi zu finden seien[139] und dass Jesus selbst in Parabeln gepredigt, aber eben auch das Alte Testament nach einem geistlichen Buchstabensinn ausgelegt habe.[140]

Dann aber bezog sich Emser ausdrücklich auf eine zeitgenössische Diskussion, die nach meiner Kenntnis in den bisherigen Forschungen zum Emser-Luther-Streit ganz unberücksichtigt geblieben ist.[141] Soeben, nämlich 1517, im Jahr der 95 Thesen, hatte Johannes Reuchlin mit *De arte cabalistica* das erste umfassende Werk der christlichen Kabbala herausgebracht,[142] die als eine Neuheit aus Florenz – seit Giovanni Pico della Mirandola – in Gelehrtenkreisen betrieben worden ist. Grundthese: neben dem Schriftwort des Alten Testaments gibt es noch ein mündlich von Gott – zuerst Mose auf dem Sinai – übermitteltes Wort. Es entspricht der durch Symbole vermittelten göttlichen Offenbarung, die zunächst nur geheim tradiert, vor allem von Pythagoras weitergetragen, dann mit der jüdischen und nun mit der christlichen Kabbala

---

137 Vgl. Emser, Quadruplica (wie Anm. 131), 153 f.: „Wolches alles die heilige Christenliche kirch auß eingebung des heyligen geistes geortert, gesatzt und geordnet hat." (154)

138 Vgl. a. a. O., 152.

139 Vgl. Emser, Buch (wie Anm. 126), 10; Hinweis auf Joh 21,25, sowie auf die Lehre der Apostel Paulus und Petrus in Ephesus und Rom.

140 Vgl. a. a. O., 9 f.; Hinweis auf Mt 22,43-45.

141 Vgl. z. B. Buchholz, Schrift (wie Anm. 121), 15-58.

142 Johannes Reuchlin: De arte cabalistica libri tres. Die Kabbalistik [1517], hrsg. von Widu-Wolfgang Ehlers, Fritz Felgentreu und Reimund Leicht, Stuttgart-Bad Canstatt 2010.

öffentlich gemacht worden ist.[143] Es besagt vor allem, dass der Heiligen Schrift nicht nur der äußerlich erkennbare Wortsinn eigen ist. Hinter dem Buchstaben kann der Kabbalist noch eine andere Lesart erblicken.[144] Sie ermöglicht es, insbesondere im Alten Testament mehr zu erkennen als dort steht, nämlich, und das ist Reuchlins Hauptziel: dass hier bereits die christlichen Dogmen enthalten seien und das ganze Alte Testament auf Christus hin geschrieben sei. Höhepunkt ist die von Reuchlin im Anschluss an Cusanus und Pico della Mirandola[145] vorgenommene Deutung des Tetragramms Jahwe (יהוה) als Pentagramm Jeschu(h) (יהשוה) durch Einfügung eines Schin (ש), das in der Kabbalistik „Erbarmen" (ברחמים) bedeutet, zugleich aus dem hebräischen Wort Schemen (שמן) für die Salbung abgeleitet und von Reuchlin um Schem (שם) aus Gen 4,26 ergänzt worden ist.[146]

So sehr Reuchlin mit seinem kabbalistischen Modell seine eigene, von den Dominikanern angegriffene Position verteidigte,[147] legte er doch auch nahe, die Juden müssten ihren

[143] Vgl. a. a. O., besonders 33.39.69–73.77.

[144] Vgl. a. a. O., u. a. 83.101.

[145] Vgl. Wilhelm Schmidt-Biggemann: Geschichte der christlichen Kabbala. Bd. 1, Stuttgart-Bad Canstatt 2012, 162–164.

[146] Vgl. Reuchlin, De arte cabalistica (wie Anm. 142), 87.93.99.147.149; Schmidt-Biggemann, Kabbala (wie Anm. 145), 164–207, 14–18; vgl. dazu, sowie zu Fabers Kritik an Reuchlin im Blick auf die Schreibweise mit einem Ajin (ע) am Ende des Tetragramms: Schmidt-Biggemann, Kabbala (wie Anm. 145), 158–164.173 f.; Charles Zika: Reuchlin und die okkulte Tradition der Renaissance, Sigmaringen 1998, 80–83. Zu Reuchlin und Pico vgl. auch Wilhelm Schmidt-Biggemann: Philosophia perennis. Historische Umrisse abendländischer Spiritualität in Antike, Mittelalter und Früher Neuzeit, Frankfurt am Main 1998, 148–160.175–188; Zika, Reuchlin, 171–176.

[147] Schmidt-Biggemann, Kabbala (wie Anm. 145), 190; Zika, Reuchlin (wie Anm. 146), 63–65.69–73.94.

Text nur richtig lesen, dann würden sie schon erkennen, dass
sie eigentlich Christen seien, eine Art „hegemoniale Hermeneutik",[148] die in den anderen Gottesverehrungen allerdings
„klandestine Wahrheitsträger" erblickte, obwohl sie im Kern
auf das Christentum verweisen würden.[149] Gleichwohl erscheint sie als Alternative zu den gewaltsamen Missionierun-
gen und dem Genozid an Juden und der Verfolgung von *con-
versos* im Spanien des 15. Jahrhunderts.[150] Das stand Reuchlin
klar vor Augen.[151] Dem gegenüber sprach er sich dagegen aus,
Juden als Feinde der Christen zu betrachten. In Glaubens-
dingen seien sie nur sich selbst unterworfen, sie hätten das
Recht, Schriften zur Verteidigung ihres Bekenntnisses zu ver-
fassen, sie sollten öffentlich nicht beschimpft und verleum-
det werden, auch nicht in der Karfreitagsliturgie.[152] Der Pico-
und Reuchlin-Rezipient Andreas Osiander trat später zwar einerseits für die Judenmission ein, wandte sich aber auch zugleich dagegen, Juden wegen eines Ritualmordvorwurfs zu
töten und dies auch nur stillschweigend zu ertragen; Juden

---

[148] Vgl. Friedemann Stengel: Reformation, Renaissance und Hermetismus.
Kontexte und Schnittstellen der frühen reformatorischen Bewegung, in:
ARG 104 (2013), 35–81, hier: 37–42.52.61 f.; ders.: Reformation und Krieg, in:
Friedemann Stengel und Jörg Ulrich (Hrsg.): Kirche und Krieg. Ambivalen-
zen in der Theologie, Leipzig 2015, 49–105, hier: 98–101.

[149] Hans-Rüdiger Schwab: Koexistenz durch Aufklärung und Rechtssicher-
heit: Johannes Reuchlin und die Juden. In: Norbert Brieskorn und Markus
Riedenauer (Hrsg.): Suche nach Frieden. Politische Ethik in der Frühen
Neuzeit II, Stuttgart 2002, 47–70, hier: 65.

[150] Vgl. zur *limpieza de sangre*: Max Sebastián Hering Torres: Rassismus in der
Vormoderne. Die „Reinheit des Blutes" im Spanien der Frühen Neuzeit,
Frankfurt am Main; New York 2006.

[151] Er nimmt ausdrücklich auf die Vertreibung von 124.000 spanischen Juden
zwischen 1478 und 1494 Bezug, vgl. Reuchlin, De arte cabalistica (wie Anm.
142), 43.

[152] Zitate bei Schwab, Koexistenz (wie Anm. 149), 59 f.

dagegen zu verteidigen, hielt Osiander für höchste Christen-
pflicht.[153]

Emser berief sich nun gegenüber Luther nicht nur auf die
antiken Origenes und Hilarius, sondern ausdrücklich auf
Reuchlin, auf den ebenfalls an den kabbalistischen Debatten
beteiligten Faber Stapulensis und auf Reuchlins Vorgänger
Giovanni Pico della Mirandola,[154] der in einer seiner 900 Thesen behauptet hatte, keine Wissenschaft überzeuge mehr von
der Gottheit Christi als Magie und Kabbala[155] – und zwar
nicht nur durch die Vermittlung übernatürlicher Wahrhei-
ten mit Hilfe der Kraft Gottes,[156] sondern – in originär kabba-
listischer Manier – durch die Erkenntnis des Geistes *im* Text.

Pico war Emser wohl bekannt. Schon 1504 hatte er dessen
Opera omnia[157] in Straßburg mit herausgegeben. Sie enthiel-

---

[153] Vgl. Anselm Schubert: Andreas Osiander als Kabbalist, in: ARG 105 (2014),
30–54, hier: 31, Anm. 8; vgl. dazu ausführlich Brigitte Hägler: Die Christen
und die ‚Judenfrage‘. Am Beispiel der Schriften Osianders und Ecks zum
Ritualmordvorwurf, Erlangen 1992.

[154] Zu Pico vgl. Stengel, Hermetismus (wie Anm. 148); Walter Andreas Euler:
„Pia philosophia" et „docta religio". Theologie und Religion bei Marsilio
Ficino und Giovanni Pico della Mirandola. München 1998; Schmidt-Biggemann, Kabbala (wie Anm. 145), 70–130; Alfons Fürst und Christian Hengst-
ermann (Hrsg.): Origenes Humanista. Pico della Mirandolas Traktat De
salute Origenis disputatio, Münster 2015.

[155] „Nulla est scientia quae nos magis certificet de divinitate Christi quam
magia et cabala." Stephan Alan Farmer: Syncretism in the West. Pico's 900
Theses (1486). The Evolution of Traditional Religious and Philosophical
Systems, 2. Aufl. Tempe 2008, 496 (These 780, die von der päpstlichen Kom-
mission verdammt wurde). „Magia" versteht Pico hier im Sinne von „magia naturalis" als Naturphilosophie und im Gegensatz zur „Goetia" als
dämonischer Magie.

[156] Vgl. Giovanni Pico della Mirandola: Apologie [Auszug]. in: Ders.: Ausgewählte Schriften. Jena, Leipzig 1905, 219–232, hier: 226.

[157] Vgl. unten Anm. 199.

ten zwar nicht die teilweise verdammten Thesen, aber deren *Apologie* durch Pico. Auch an anderen Stellen wird deutlich, dass Emser selbstverständlich kabbalistische Autoren rezipierte.[158] Fabers im Gefolge von Reuchlin und Pico angestellte Tetra- bzw. Pentagrammspekulationen konnte Luther übrigens aus Fabers *Quincuplex psalterium* von 1513 kennen, das ihm seit seiner Psalmenvorlesung vorlag.[159] Aber nun referierte Emser direkt *De arte cabalistica*: Dem Schriftbuchstaben wohnt noch ein anderer Sinn als der äußerlich erkennbare inne. Die Ketzer haben schon immer nur den Schriftbuchstaben lesen wollen. Alles, was nicht in der Schrift stehe, haben sie seit jeher verworfen.

> „Dann das ist von anbegin der ketzer behelff, ye und ye gewest, das sie yn der schrytt, nichtzit annhemen noch tzulassen wollen, dan den buchstaben. Czum anderm was in schrytt nicht vorfasset ader sunderlich aufgedruckt das sie dasselbig auch vorwerffen, gleich als hienge die Sach gar an gensfedern, und möchte ohn dinten und Babyr niemant selig werden."[160]

Von dem vor allem seit Holl und Ebeling immer wieder zitierten vierfachen Schriftsinn ist überhaupt keine Rede bei

---

[158] So nannte er in einer Glosse zu Mk 1 in der „Emserbibel" (unten Anm. 258) ausdrücklich Paulus Ricius, zu Ricius vgl. Schmidt-Biggemann, Kabbala (wie Anm. 145), 208–262.

[159] Vgl. Schmidt-Biggemann, Kabbala (wie Anm. 145), 161 f., passim; Ebeling, Anfänge (wie Anm. 16), 179. Die *kabbalistischen* Einflüsse etwa Fabers und Reuchlins, der in den Reformationsgeschichten meist nur im Zusammenhang mit dem Dunkelmännerstreit vorkommt, sind für die frühen reformatorischen Debatten wenig berücksichtigt geblieben, vgl. zu Faber etwa: Fritz Hahn: Faber Stapulensis und Luther, in: ZKG 57 (1938), 356–432. Ausnahme ist der Fall des Andreas Osiander, vgl. Schubert, Osiander (wie Anm. 153); sowie schon Emanuel Hirsch: Die Theologie des Andreas Osiander und ihre geschichtlichen Voraussetzungen, Göttingen 1919.

[160] Emser, Buch (wie Anm. 126), 9.

Emser.[161] Hier geht es um den kabbalistisch konnotierten, direkt mit Reuchlin in Verbindung gebrachten doppelten Sinn, den Emser in Anlehnung an manche Kirchenväter in 2Kor 3,6 bestätigt sah: der tötende Buchstabe ist nur die Schale der Schrift, der Geist des Buchstabens steckt dahinter wie die Seele des Menschen, die erst den Körper lebendig mache. Und diese Seele des Buchstabens sei vom Heiligen Geist bewirkt worden.[162] Das machte es für Emser möglich, die Widersprüche in der Schrift auszuräumen, es erlaubt zugleich die kabbalistische Auslegung. Wenn Luther hier den Unterschied zwischen Gesetz und Evangelium andeute, sei er in der Christenheit so isoliert wie ein „wald esel".[163]

Schließlich war Emser der Erste, der Luthers Insistieren auf dem einen sich selbst auslegenden Schriftsinn entgegenhielt, dass es sich gar nicht um ein Schriftprinzip handele, sondern um eine ganz bestimmte Theologie, die Luther zum Zentrum beider Testamente gemacht habe. Sie sei aber nicht das Ergebnis, sondern die Voraussetzung seiner Exegese: Luthers scharf antipelagianische Soteriologie, die vor allem den

---

[161] Erst in der Quadruplica (wie Anm. 131), 172 f., erwähnt er ihn, allerdings als Zitat Luthers, der den vierfachen Schriftsinn verwerfe.

[162] Vgl. Emser, Buch (wie Anm. 126), 10; Emser, Quadruplica (wie Anm. 131), 166 f.172 f.

[163] Emser, Quadruplica (wie Anm. 131), 166, vgl. Luther, Buch (wie Anm. 120), WA 7, 653 f. Bezeichnenderweise diagnostiziert Emser, dass Ambrosius und Erasmus aus 2Kor 3,6 die Differenz zwischen Altem und Neuem Testament herausgelesen hätten. Den doppelten Schriftsinn vertreten bei Emser Origenes, Hieronymus und Dionysius, der für Emser direkter Schüler des Paulus und bei Reuchlin ein „Überrest" oder ein „Abbild der Pythagoräer" ist, Reuchlin, De arte cabalistica (wie Anm. 142), 195. Zu der zentralen Rolle der Rezeption neuplatonischer Kosmologie und gerade des Pseudo-Dionysius bei 14 von Luthers scholastischen und „humanistischen" Gegnern vgl. auch Bagchi, Opponents (wie Anm. 92), 246 f.

freien Willen vernichte und zugleich die gottlose Lehre von der Prädestination mit sich bringe.[164] Emser erkannte damit, dass es sich gar nicht um einen Streit über die alleinige Autorität der Schrift handelte. Luthers Beharren auf einem einzigen Schriftsinn ist ihm unlogisch und undurchführbar. Nach seiner Ansicht läuft es bei Luther auf den Stellenwert der Kirche und das Verhältnis des sündigen, freien oder unfreien Menschen hinaus – zum Erlöser.

Emsers Position zeigt damals moderne Anleihen bei Erasmus, Faber und bei der in bestimmten gelehrten Zirkeln diskutierten christlichen Kabbala, die sich wie er selbst bei patristischen Autoren bedienten und nicht nur eine einzige mögliche Schriftauslegung gestatteten, sondern mittels des doppelten Schriftsinns eine gewisse Interpretationsbreite erlaubten. Theologisch steht Emser gegen Luthers radikalen Antipelagianismus. Kirchlich verrät er eine konziliaristische Tendenz, jedenfalls aber nicht einen dogmatischen ‚Papalismus'. Solche Frontstellungen sind wohl der konfessionellen Historiographie des späteren 19. und dann 20. Jahrhunderts zu verdanken und endlich auch als solche zu erkennen und einzuordnen.

Dass mit Johann Eck ebenfalls kein ursprünglich ‚papalistisch' festgelegter Theologe einer der prominentesten frühen theologischen Gegner Luthers wurde, sei in diesem Zusammenhang ebenfalls erwähnt. In seinem *Chrysopassus* von 1514 hatte Eck die in der kanonischen Tradition etwa von Innozenz III. vertretene Behauptung als sachfremd zurückgewiesen, der Papst sei ein Wesen zwischen Mensch und Gott.[165] Und obwohl Eck erst in der Auseinandersetzung mit Luther

---

[164] Vgl. Emser, Quadruplica (wie Anm. 131), 170 f.

[165] „Similem glossam reperies alibi, quod papa nec sit deus, nec homo. Sed

in der Tat zunehmend ‚papalistische' Tendenzen entwickelte, übernahm er nicht solche extremen Positionen wie Prierias, sondern schien Konziliarist zu bleiben.[166] Dass sich seine gegenüber der Kurie kritische Haltung, die ihn mit den Wittenbergern ursprünglich verband und ihm immerhin eine frühe Freundschaftsanfrage Luthers einbrachte,[167] in scharfe Kritik verwandelte, dürfte ein Resultat der mit dem Höhepunkt der Leipziger Disputation ausbrechenden Differenzen in der theologischen Debatte mit Karlstadt und Luther über den Zusammenhang zwischen Prädestination, Willensfreiheit und Soteriologie[168] gewesen sein. Auch hier war der Streitpunkt nicht die Schrift, sondern im Grunde eine bestimmte Theologie und Soteriologie.

3.2 Luthers Antwort

Emsers Angriff hat Luther zu einer ersten ausführlichen und öffentlichen Äußerung zur Stellung der Heiligen Schrift in seiner damaligen theologischen Argumentation veranlasst.

1. Luther lehnte zwar auf der einen Seite die Anerkennung des Papstes als Schiedsrichter ab, der zudem mit einem Primat ausgestattet wäre.[169] Er ging aber nicht darauf ein, dass Em-

---

haec extraria reiiciamus." Zitiert nach Oberman, Zweifrontenkrieg (wie Anm. 97), 344 f.

[166] Vgl. Oberman, Zweifrontenkrieg (wie Anm. 97), 346.

[167] Vgl. a. a O., 342 f.

[168] Vgl. a. a. O., 342–358; Reinhard Schwarz: Johann Ecks Disputationsthesen vom Mai 1519 über die erbsündliche Concupiscentia – ein Angriff auf Luthers Sündenverständnis, in: Herbert Immenkötter und Gunther Wenz (Hrsg.): Im Schatten der Confessio Augustana. Die Religionsverhandlungen des Augsburger Reichstages 1530 im historischen Kontext, Münster 1997, 126–168.

[169] Vgl. Luther, Buch (wie Anm. 120), WA 7, vor allem 645.

ser es ja ausdrücklich bestritten hatte, dass der Papst die Auslegungshoheit überhaupt besitze. Offenbar brauchte Luther
den ‚Papalismus‘, um mit ihm die gesamte Kirche zu bekämpfen. Zugleich nahm Luther erstmals seine These vom
allgemeinen Priestertum aus der Adelsschrift wieder ein
Stück zurück. Alle Christen, nicht nur Priester im Gefolge des
Petrus, seien geistlich gesehen Laien, notierte er, aber niemand solle unberufen das Amt bekleiden, nur im äußersten
Notfall.[170] Nach der Erfahrung des Bauernkrieges nahm
Luther in diesem Sinne weiteren Abstand vom allgemeinen
Priestertum: der öffentliche Wortdienst und das äußere Amt
seien vor allem (maxime) Aufgaben der Führer (duces) und
der Prediger, damit wir die Geister nicht nur selbst nach unserem eigenen geistlichen und inneren Menschen, sondern
auch durch ein äußeres *iudicium* beurteilen können, schrieb
er gegen Erasmus.[171]

> Nach Johann Ecks massiven Angriffen gegen das allgemeine Priester
> tum als der eigentlichen Ketzerei der Reformatoren in seinen 404 Arti-

---

[170] Vgl. a. a. O., 646 f.

[171] WA 18, 653; deutsche Übersetzung nach: Martin Luther: De servo arbitrio /
Vom unfreien Willensvermögen (1525), in: Martin Luther: Lateinisch-
Deutsche Studienausgabe. Bd. 1: Der Mensch vor Gott, hrsg. von Wilfried
Härle, Leipzig 2006, 219–661, hier: 325–327. Dass hier „maxime" mit „besonders" übersetzt wird und die meist als weltliche Herrscher konnotierten
duces als Führer der Gemeinde verstanden werden, scheint dem Bedürfnis
zu entsprechen, Luther die Lehre vom allgemeinen Priestertum auch in
dieser Phase noch zuzuschreiben. Ausdrücklich nahm Luther aber kurz vor
diesem Abschnitt Bezug auf den Grund seiner Ausführungen: seine Auseinandersetzungen mit den *Phanaticis* im selben Jahr 1525, womit vor
allem Karlstadt und Müntzer (und der Bauernkrieg) gemeint sein dürften,
denen die Fürstenautorität und Luthers eigener, innerer Geist (gegen die
Müntzer unterstellte Behauptung einer äußeren Offenbarung) entgegengehalten wird.

keln,[172] blieb das Thema in der *Confessio Augustana* im Übrigen ganz
unerwähnt, ja mehr als das: mit den Artikeln 5 und 14 wurde es im
Grunde genommen vom Tisch gewischt. Das Amt erscheint als von
Gott eingesetzt (CA 5),[173] es wird nur „rite"[174] in dieses Amt berufen,
auch wenn nicht klar gemacht wird, ob damit die Wahlen durch Ge-
meinden ausgeschlossen werden sollten, ob damit zwar nicht der sa-
kramentale *character indelebilis,* aber die göttliche Provenienz des
Amts aus CA 5 nahegelegt oder einfach nur die Rechtmäßigkeit des
Amts gegenüber den Vorwürfen Ecks unterstrichen werden sollten.[175]

2. Obwohl Luther selbst an vielen Stellen seinen Normtheolo-
gen Augustin zitierte, lehnte er die Kirchenväterlektüre nun
ganz ab. Dass man die Schrift nicht ohne die fremde Auslegung der Kirchenväter verstehen könne – diese Ansicht unterstellte er Emser –[176] ist ihm Lästerung, denn die Heilige
Schrift sei ohne jede Glosse oder Erklärung „sonne und gant-

---

[172] Vgl. Johann Ecks vierhundertvier Artikel zum Reichstag von Augsburg
1530 nach der für Kaiser Karl V. bestimmten Handschrift, hrsg. von Wilhelm Gussmann, Kassel 1930, 134. Grane, Confessio Augustana (wie Anm.
29), 122, meint gar, der ganze Artikel 14 sei durch den Vorwurf Ecks veranlasst worden, zumal weder die Marburger noch die Schwabacher Artikel
eine entsprechende Vorlage enthielten.

[173] Nur in der deutschen Fassung: „Solchen glauben zuerlangen, hat Got das
predig ampt eingesatzt [...]". BSLK 58, Dingel, Bekenntnisschriften (wie
Anm. 29), 100.

[174] In der deutschen Übersetzung wird das Lehren, Predigen und die Austei-
lung des Sakraments „on ordenlichen beruff" ausgeschlossen. BSLK 69;
Dingel, Bekenntnisschriften (wie Anm. 29), 108.

[175] Grane, Confessio Augustana (wie Anm. 29), 120.

[176] Vgl. Luther, Buch (wie Anm. 120), WA 7, 638; vgl. auch 640 mit der unzutref-
fenden Unterstellung: „Emßer aber meynet mit seynen Sophisten, wie Eck
zu Leyptzick auch nerrisch furgab, man soll der vetter lere nit vorsuchen
odder probiren, sondern mit allen tutteln auff nemen, ob wol yderman
weyß, das sie allesampt viel mall geyrret haben. Sollen wir aber probiren,
wie hie S. Paulus sagt, was wollen myr fur ein probirsteyn datzu nehmen
anders denn die schrifft?"

zis licht, von wilcher alle lerer yhr licht empfahen" – nicht umgekehrt,[177] erklärt Luther jetzt.

3. Auf die von Emser geltend gemachte Schwäche der menschlichen Vernunft angesichts des Textes der Heiligen Schrift und auf die Widersprüche im Text selbst ging Luther nicht ein. Dem aus der Parakletenverheißung Joh 14,26 gefolgerten Argument Emsers, der Geist wirke doch auch *nach* der Schrift in der Kirche, in Menschen und Sakramenten, widersprach Luther mit dem lapidaren Argument, das sei gewissermaßen nur ein Trick. Schon hier schränkte Luther die Wirksamkeit und tendenziell sogar Eigenständigkeit des Heiligen Geistes stark ein. Denn Christus habe lediglich einen Geist verheißen, der nur an seine Worte erinnern solle, aber kein neues Gebot machen könne. Außerdem sei genug in der Schrift enthalten.[178] Die pneumatologische Betonung der Wirksamkeit des Heiligen Geistes über den Schriftbuchstaben hinaus sei manichäische Ketzerei[179] – damit gab Luther offenbar den Vorwurf des Manichäismus zurück, der ihm angesichts seiner starken Betonung der Eigenmächtigkeit des Teufels gemacht worden war.[180] Hier war allerdings noch nicht ausgesprochen, was Luther vier Jahre später gegenüber Erasmus formulierte: kein Geist außerhalb der Schrift![181] Was

---

[177] Vgl. a. a. O., 639.

[178] Vgl. a. a. O., 642 f.

[179] Vgl. a. a. O., 644.

[180] Vgl. Grane, Confessio Augustana (wie Anm. 29), 25; Gunther Wenz: Theologie der Bekenntnisschriften der evangelisch-lutherischen Kirche. Bd. 2, Berlin; New York 1998; 92f. Zu erinnern wäre hier ferner daran, dass der Manichäismusvorwurf oft auch die Unterstellung beinhaltete, dass mit den manichäischen Tendenzen die Kindertaufe abgelehnt und die Wiedertaufe praktiziert würde, vgl. Hans-Jürgen Goertz: Die Täufer. Geschichte und Deutung, Berlin 1988, 122.

[181] Siehe unten Anm. 330.

gegenüber Emser *nur* gegen den Geist in der Kirche und bei den Vätern gesagt ist, wurde bald zu einem generellen Ausschlusskriterium. Zeitlich gesehen war aber schon hier kein Platz mehr für eine Offenbarung nach der Schrift und über die Schrift hinaus. Der Heilige Geist ist für Luther gegen Emsers Insistieren auf seine Wirksamkeit in einem geistlichen Schriftsinn, in Vätern, Kirche und Ämtern, nur im wörtlichen Sinn des Buchstabens zu finden.[182] Es wäre besser, schrieb Luther, wenn Emser ein Mühlstein um den Hals gehangen und er im Meer ersäuft worden wäre, als solches zu lehren.[183] Emser scheue die Schrift wie den Teufel,[184] warf er ihm vor, der „heyssig und lugenhafft geyst"[185] selbst habe ihn dazu getrieben.

4. Seine radikale Ablehnung jeder Deutungsinstanz der Schrift außerhalb der Schrift leitete Luther zu einem anderen Geistargument: der Heilige Geist sei ein allereinfältigster Schreiber, daher müsse auch die Schrift einfältig sein,[186] und einfältig in zweierlei Hinsicht: einmal weil sie als Produkt des Geistes göttlicher Herkunft sei und weil sie sich selbst durch den Geist interpretiere, der sie eingegeben habe.

5. Die Schrift habe keinen anderen Sinn als den, den man äußerlich lesen könne. Lediglich der äußere Sinn, der literale, grammatische oder historische,[187] ist erlaubt. Das richtete sich, so lesen wir vor allem bei Holl und Ebeling, gegen die

---

[182] Vgl. Luther, Buch (wie Anm. 120), WA 7, 650.

[183] Vgl. a. a. O., 657.

[184] Vgl. a. a. O., 642,21 f.

[185] Vgl. a. a. O., 657.

[186] Vgl. a. a. O., 650,21-24: „Der heylig geyst ist der aller eynfeltigst schreyber und rether, der ynn hymell und erden ist, drumb auch seyne wortt nit mehr denn eynen einfeltigsten synn haben kunden, wilchen wir den schrifftlichen odder buchstabischen tzungen synn nennen."

[187] Vgl. a. a. O., 652,23-26.

sogenannte vierfache Schriftauslegung nach Origenes.[188]
Luther habe sie radikal abgeschafft und damit einen wesent-
lichen Schritt auf dem Weg zu einer fortschrittlichen Hermeneutik geleistet. Holl sah dieses Verdienst aber gerade nicht
unter historisch-kritischer Perspektive, er behauptete es, weil
Luther einen Zusammenhang zwischen Auslegung und eigenem Erleben hergestellt habe, seiner „religiöse[n] Selbstge-
wissheit" nämlich, die ihn dazu führte, seinen Gegnern wie
Erasmus oder Zwingli das Fehlen religiöser Ernsthaftigkeit
zu unterstellen.[189] Damit versuchte Holl offenbar, seinen
subjektivitätsphilosophischen Ansatz des religiösen Erlebens
mit dem Sola-scriptura-Prinzip zusammenzubinden. Seit
Ebeling ist die These von der konsequenten Abschaffung des
vierfachen Schriftsinns durch Luther aber eigentlich vom
Tisch. Denn Luther legt nach Ebelings Einsicht zum einen die
gesamte Schrift typologisch auf Christus hin aus und liest
prophetisch vor allem in das Alte Testament Christus hinein,
auch wo er nicht steht.[190] Nicht nur im Neuen Testament
geht es im Kern darum, was Christus treibet, auch im Alten
Testament soll gelesen werden, wie Christus dort in „Windel-
tücher" gewickelt und in die Krippe gelegt sei, so Luther kurz
nach dem Streit mit Emser in der Weihnachtspostille 1522.[191]
Zugleich aber hat Luther nach Ebelings Erkenntnis inkonse-

---

[188] Vgl. Ebeling, Anfänge (wie Anm. 16), 175. Literal/historisch, allegorisch,
tropologisch, anagogisch werden genannt, vgl. Luther, Buch (wie Anm.
120), WA 7. 652,21 f.

[189] Vgl. Holl, Bedeutung (wie Anm. 51), 419.421.434. An diesen Ansatz scheint
Ebeling mit der These angeknüpft zu haben, Luther habe die neuplatoni-
sche Hermeneutik existential auf das Gott-Welt-Verhältnis umgedeutet,
Ebeling, Anfänge (wie Anm. 16), 192, sowie 194.196.

[190] Vgl. Ebeling, Anfänge (wie Anm. 16), 184.209–213.216.

[191] „Syntemal die Evangeli und Epistel der Apostel darumb geschrieben sind,
das sie selb solche tzeyger seyn wollen und uns weyßen ynn die schrifft der

quenterweise zeitlebens auch allegorisch ausgelegt.[192] Bei der Psalmenauslegung sei er nicht zuerst nach dem vierfachen Schriftsinn vorgegangen, vielmehr sei der *sensus propheticus* Ausgangsbasis seiner Auslegung nach dem vierfachen Sinn. Hierin bestehe Luthers mystische Auslegung; und der vierfache Schriftsinn erschließe nicht verschiedene Bedeutungen, sondern sei die Entfaltung des christologischen Sinns.[193] Dass die Reformatoren den mehrfachen Schriftsinn konsequent abgeschafft hätten, lässt sich daher wohl kaum behaupten.[194] Anstatt seiner Liquidierung und der angeblich konsequenten Auslegung nach dem Literalsinn müsste man wohl von einer christologischen Transformation des Schemas vom vierfachen Schriftsinn sprechen, die aber inkonsequent bleibt, weil auch jenseits christo-typologetischer Aussagen nicht auf Allegorien verzichtet wird.

---

propheten und Mosi des allten testaments, das wyr alda selbs leßen und sehen sollen, wie Christus ynn die windel thucher gewicklet und yn die krippen gelegt sey, das ist, wie er ynn der schrifft der propheten vorfassett sey. Da sollt unßer studirn und leßen sich uben und sehen, was Christus sey, wo tzu er geben sey, wie er vorsprochen sey, und wie sich alle schrifft auff yhn tziehe [...]." WA 10/1, 15,1-7.

[192] Ebeling behauptet, Luther habe den vierfachen (!) Schriftsinn radikal preisgegeben, auch wenn seiner Exegese eine „gewisse Inkonsequenz" auch weiterhin anhaftet, vgl. Ebeling, Anfänge (wie Anm. 16), 175; vgl. auch die christologische Umdeutung des mehrfachen Schriftsinns bzw. die Entfaltung des christologischen Sinns durch den vierfachen Schriftsinn, a. a. O., 219. 225 f. Dass Luther vielfach „wunderliche Sprünge allegorischer Auslegung" mache, gesteht auch Holl ein, vgl. Holl, Bedeutung (wie Anm. 51), 419.423. Zu weiteren Beispielen für die Allegorese bei Luther vgl. Johannes Kunze: Erasmus und Luther. Der Einfluß des Erasmus auf die Kommentierung des Galaterbriefs und der Psalmen durch Luther 1519–1521, Münster 1999, 241–243.

[193] Ebeling, Anfänge (wie Anm. 16), 222.224.

[194] Vgl. Stengel, Barbarei (wie Anm. 16), 180–187.214–216.

Hilft ein Blick in die zeitgenössischen Fronten, um Luthers „hermeneutische[m] Synkretismus"[195] auf die Spur zu kommen? Während Emser mit seinem mehrfachen Schriftsinn auf den aktuellen christlich-kabbalistischen Ansatz Reuchlins verwies, der einen äußeren und einen geistigen Schriftsinn behauptete, wandte sich Luther gegen den origenistischen, vermeintlich formalisierten und methodologisch erstarrten vierfachen Schriftsinn. Beide sprachen offenbar von zwei verschiedenen Themen, von denen eines dem „Häresiarchen" Origenes, das andere der zeitgenössisch modernen, Luther womöglich aber nicht genauer bekannten Kabbala zugeordnet ist, die im *Buchstaben* des Alten Testaments Christus liest, wo Luther das Alte Testament prophetisch auslegt. Meinte Luther diesen kabbalistischen Ansatz, wenn er Emser die Forderung unterschob, ein Priester und Exeget solle Poet sein?[196] Ich habe meine Zweifel, ob Luther die Debatten um Kabbala und Hermetismus überhaupt genauer geläufig waren[197] – im Gegensatz zu auffälligerweise lutherkritischen Zeitgenossen auch aus dem reformatorischen Umfeld wie Zwingli, Karlstadt[198] und dem bereits ge-

---

195 Ebeling, Anfänge (wie Anm. 16), 224.

196 Luther, Buch (wie Anm. 120), 651.

197 Vgl. allerdings oben Anm. 159 – Luther kannte mit Faber Stapulensis einen Transporteur der Kabbalistik und im Übrigen Herausgeber der *Opera omnia* des Cusanus.

198 Vgl. Irena Backus: Randbemerkungen Zwinglis in den Werken von Giovanni Pico della Mirandola, in: Zwingliana 90/91 (2010), 291–309; Louis Israel Newman: Jewish Influences on Christian Reform Movements, New York 1925, 288 ff.; Ludwig Geiger: Johann Reuchlin. Sein Leben und seine Werke, Leipzig 1871 [ND Nieuwkoop 1964], 197 f. Diesen Hinweis verdanke ich Schubert, Osiander (wie Anm. 153), 52; auch Karlstadts Schrift über den Sabbat (Von dem Sabbat und gebotten feyertagen. Jhenae 1524) geht demnach auf den Einfluss von Reuchlins *De arte cabalistica* zurück.

nannten Andreas Osiander. Dies genauer zu untersuchen ist, soweit ich sehe, ein Forschungsdesiderat. Allerdings wollte Luther offenbar spätestens seit 1518, dem Jahr der Heidelberger Disputation, nichts mit der Theologie der Hermetiker und Kabbalisten zu tun haben. Denn diese Autoren behaupteten einen klar willensfreien Menschen, der aufgrund seiner Gottebenbildlichkeit selbst entscheiden kann, ob er den Weg zu Gott oder zum Tier wählt. Pico della Mirandola, der eigentliche Begründer der christlichen Kabbala, hatte dieses Menschenbild in seiner berühmten, 1486 erstmals gedruckten und in seinen *Opera omnia*[199] enthalteten *Oratio de hominis dignitate* Gott selbst in den Mund gelegt:

> „Wir haben dir keinen festen Wohnsitz gegeben, Adam, kein eigenes Aussehen noch irgendeine besondere Gabe, damit den Wohnsitz, das Aussehen und die Gaben, die du selbst dir aussiehst, entsprechend deinem Wunsch und Entschluss hast und besitzest. Die Natur der übrigen Geschöpfe ist fest bestimmt und wird innerhalb von uns vorgeschriebener Gesetze begrenzt. Du sollst dir deine ohne jede Einschränkung und Enge, nach deinem Ermessen, dem ich dich anvertraut habe, selber bestimmen. Ich habe dich in die Mitte der Welt gestellt, damit du dich von dort aus bequemer umsehen kannst, was es auf der Welt gibt. Weder haben wir dich himmlisch noch irdisch, weder sterblich noch unsterblich geschaffen, damit du wie dein eigener, in Ehre frei entscheidender, schöpferischer Bildhauer dich selbst zu der Gestalt ausformst, die du bevorzugst. Du kannst zum Niedrigeren, zum Tierischen entarten; du kannst aber auch zum Höheren, zum Göttlichen wiedergeboren werden, wenn deine Seele es beschließt."[200]

---

[199] In der halleschen Universitätsbibliothek: Opera Joannis Pici Mirandule Comitis Concordie [...], hrsg. von Jakob Wimpfeling [u. a. unter Beteiligung von Hieronymus Emser], Argentinae 1504, mit der bemerkenswerten Besitzbezeichnung Gottfried Arnolds und Johann Heinrich Michaelis'.

[200] Giovanni Pico della Mirandola: De hominis dignitate. Über die Würde des Menschen, hrsg. von August Buck, Hamburg 1990, 5–7. Zu Picos Men-

71

Und wenige Jahre später wiederholte Erasmus von Rotterdam dies, ohne Nennung Picos, in seinem europaweit gelesenen *Enchiridion militis christiani*: Zwischen Geist und Fleisch stehe der Mensch, dank seiner göttlichen Seele besitze er Freiheit, auf die Seite des Geistes zu wechseln und zum Himmlischen aufzusteigen – oder auch zum Niederen herab. „Der Geist läßt uns also zu Göttern werden, das Fleisch zu Tieren";[201] der Mensch sei

> „also ein eigenartiges Lebewesen, aus zwei oder drei sehr verschiedenen Teilen zusammengesetzt, der Seele nach göttlich, dem Körper nach wie ein stummes Vieh. Dem Leibe nach übertreffen wir das Geschlecht der Tiere keineswegs, wir sind ihm vielmehr an allen seinen Gaben unterlegen. Der Seele nach sind wir aber sogar der Gottheit fähig, so daß wir uns selbst über die Engel erheben und mit Gott eins werden dürfen."[202]

Auch wenn nach Erasmus' Auffassung die ursprüngliche Harmonie dieser beiden menschlichen Potenzen durch die Sünde gestört ist und der Mensch der Gnade bedarf – dies ist meines Erachtens der Antipode der lutherischen Anthropologie und Soteriologie, der eben auch hinter Luthers Zurückweisung des mehrfachen Schriftsinns steht, und es wäre noch zu untersuchen, ob Luther mit seinem antipelagianischen Einspruch nur auf den ersten Blick die „Ent-Anthropologisie-

---

schenbild vgl. insbesondere auch: Trinkaus, Image (wie Anm. 94), 505–529; Rolf Peppermüller: Die Auslegung der Schöpfungsgeschichte im Heptaplus des Pico della Mirandola. In: Wilfried Härle, Manfred Marquardt und Wolfgang Nethöfel (Hrsg.): Unsere Welt – Gottes Schöpfung. FS Eberhard Wölfel, Marburg 1992, 97–116.

[201] Erasmus von Rotterdam: Enchiridion militis christiani [zuerst 1503]. Handbüchlein eines christlichen Streiters, in: Ders.: Ausgewählte Schriften, hrsg. von Werner Welzig. Bd. 1, Darmstadt 2006, 57–375, hier: 143.

[202] A. a. O., 109.

rung der mittelalterlichen Soteriologie"[203] betrieb und nicht vielmehr auf die aus dem Florentiner Kabbalismus und Hermetismus stammenden Autoren der *prisca theologia* und deren Rezipienten abzielte, deren Rezeption in Gelehrtenkreisen am Blühen war. Dass bei Luther in der Regel die scholastischen und aristotelisch geprägten Klassiker namentlich genannt werden, mag auch daran gelegen haben, dass Theologen wie Marsilio Ficino seitenlang fast wörtlich aus Autoritäten wie Thomas von Aquin zitierten, um sich gegenüber kirchlichen Angriffen mit teils strafrechtlichen Konsequenzen zu verteidigen und ihre Orthodoxie zu behaupten.[204]

6. Auffälligerweise unterschied Luther in der gleichen Schrift gegen Emser deutlich zwischen einem offenbaren sprachlichen Sinn und einem heimlichen Sinn, den Paulus *mysteria* nenne. Man dürfe sie allerdings nicht selbst in die Schrift hineindichten[205] – womöglich: wie die Kabbalisten, die *Jeschu(h)* in *Jahwe* erkennen wollen. Diese Unterscheidung machte Luther jetzt gegenüber Emser. Noch im Galaterkommentar hatte er gemeint, dass es nur einen einzigen ursprünglichen, den *sensus unus* gebe, den er hier auch als *sensus germanus* oder *simplex* bezeichnete.[206] Gegenüber Emser forderte Luther jetzt ganz anders, dass man die Schrift mit Hilfe von *figurae* oder *schemata*[207] auslegen müsse – allegorisch. Nur die formale Auslegung nach den vier Sinnen des

---

[203] Oberman, Zweifrontenkrieg (wie Anm. 97), 341.

[204] Vgl. dazu insgesamt Stengel, Hermetismus (wie Anm. 148), zu Ficinos Römerbriefkommentar 52.

[205] Vgl. Luther, Buch (wie Anm. 120), WA 7, 652.

[206] Vgl. Kunze, Erasmus (wie Anm. 192), 244.248, sowie 240: Luther verwerfe den vierfachen Schriftsinn zugunsten einer zweifachen Unterscheidung zwischen einfältigem und mystischem Sinn.

[207] Vgl. Luther, Buch (wie Anm. 120), WA 7, 639.638.651.

Origenes und Hieronymus lehnt er ab.[208] Damit war er allerdings keine Einzelstimme. Prominente Zeitgenossen praktizierten solch eine Schriftauslegung überhaupt nicht; Erasmus von Rotterdam hatte sich Jahre vor Luther von dem vierfachen Schriftsinn distanziert und ihn nicht mehr angewendet.[209] In der Einleitung zum Neuen Testament hatte Erasmus 1516 die Auslegung nach dem vierfachen Sinn explizit als nicht zutreffend bezeichnet, weil Christus Mitte der Auslegung sei und daher zunächst der *sensus historicus* entscheidend sei.[210] Das weist, wie der oben erwähnte Ebeling 1951 meinte, auf eine zum Verzweifeln unklare Situation.

7. Ein letzter Punkt ist aus Luthers Entgegnungsschrift auf Emser zu nennen: Bei der genannten Deutung von 2Kor 3,6 – tötender Buchstabe versus lebendigmachender Geist – widersprach Luther Emser. Obwohl er im selben Text ausdrücklich *mysteria*, einen heimlichen Sinn, zugestanden hatte, definierte er nun das Gesetz im Alten Testament als tötenden Buchstaben und das Neue Testament als lebendigmachenden Geist, der ins Herz geschrieben werden müsse. Kurz darauf nahm er aber eine erste allegorische Deutung vor: Mose habe in Ex 34 eine Decke vor dem eigenen Gesicht, damit man den Tod nicht sehe, den das Gesetz bringe, sondern weiterhin den Buchstaben predige.[211]

---

[208] Vgl. a. a. O., 647 f.651–653.

[209] Vgl. Kunze, Erasmus (wie Anm. 192), 228–232; Ernst-Wilhelm Kohls: Die Theologie des Erasmus, Bd. 1, Basel 1966, 134–136.141.

[210] Vgl. Kohls, Erasmus (wie Anm. 209), 135.

[211] Vgl. Luther, Buch (wie Anm. 120), WA 7, 653 f., 656.

3.3 ZWISCHENSTAND

Was ist das Ergebnis dieser ersten Auseinandersetzung? Das *sola* im *sola scriptura* heißt gegenüber Emser: nicht der Papst, nicht die Väter, und nun zurückgenommen: auch nicht die Laien – überhaupt keine zusätzliche Instanz legt die Schrift aus; die Schrift ist sich selbst Autorität. Der Geist ist so einfach, wie die Schrift, die er geschrieben hat; so stimmt die Schrift mit sich selbst überein. Sie hat keinen mehrfachen Sinn, den man aus ihr herauslesen könnte, aber sie enthält dennoch *mysteria* oder einen heimlichen Sinn, also einen doppelten Sinn – so sehr sich diese Aussagen widersprechen und damit Ebelings Befund des hermeneutischen Synkretismus bestätigt wird. Immerhin hatte auch Ebeling angesichts der zahlreichen Dualismen Luthers ein gewisses Maß „neuplatonischer Infiltration" Luthers über Augustin und die Mystik eingeräumt, auch wenn ein klassisches Emanationsschema oder ein ontologischer Dualismus bei ihm fehle.[212]

---

[212] Ebeling, Anfänge (wie Anm. 16), 189. Ebeling nennt für die erste Psalmenvorlesung u. a.: spiritus/litera, spiritualia/carnalia, invisibilia/visibilia, intelligibilia/sensibilia, abscondita/manifesta, interiora/exteriora, superiora/inferiora, divina/humana, terrena/coelestia, aeterna/temporalia, futura/praesentia, veritas/vanitas (187). Diese Dualismen seien aber nicht ontologisch, sondern entweder existential (192) oder epistemologisch gedacht. Sie bezögen sich nicht auf zwei Seinsweisen, sondern auf zwei verschiedene Subjekte der Erkenntnis (198), so Ebelings Versuch einer offenbar kantianisch inspirierten Modernisierung Luthers. Die neuplatonische Affizierung Luthers lässt sich allerdings nur dann plausibel minimieren, wenn man zuvor das (ontologisch verstandene) Emanationsschema als Kernmerkmal des Neuplatonismus definiert hat. Angesichts der Vielzahl der Überschneidungen zwischen aristotelischer und (neu-)platonischer Philosophie in der zeitgenössischen Renaissancephilosophie wäre dies jedoch eine Reduktion. Historisch lassen sich solche Reduktionen nicht verifizieren.

Einerseits werden alle Autoritäten zwar zurückgewiesen, weil sich nach Luther allein aus der Schrift das Zentrum der Schrift ergebe, durch bloße Lektüre des äußeren Sinns, der sich selbst mitteilt. Nicht die Vernunft, nicht das Subjekt wird Maßstab, es geht um die Unterordnung unter die Schrift, die die einschränkungslose Autorität eben gegen die anderen Autoritäten ist. Darüber hinaus bleibt andererseits aber eine ganze Palette von allegorischen und dann auch anagogischen Deutungen erhalten, denn Luther betreibt weiterhin auch apokalyptische Schriftauslegung.[213] Schließlich wird der Heilige Geist in einer bestimmten Hinsicht streng beschränkt; wer ihn neben der Schrift in Kirche, Sakramenten und Vätern wirken sieht, der muss vom Lügengeist besessen sein,[214] ein Argument, das Luther in den folgenden Auseinandersetzungen mit verschiedenem Gewicht immer wieder vorbrachte.

Martin Mulsow hat klar herausgearbeitet, dass man von einer „Antithese Platonismus-Aristotelismus" in der Renaissance gar nicht sprechen könne, sondern eher von einem vielfach „gebrochene[n] und neubestimmt[en]" Verhältnis oder von einem platonisierenden Aristotelismus. Vgl. Martin Mulsow: Frühneuzeitliche Selbsterhaltung. Telesio und die Naturphilosophie der Renaissance, Tübingen 1998, 30–35, hier: 31.34; ders.: Das Ende des Hermetismus: historische Kritik und neue Naturphilosophie in der Spätrenaissance; Dokumentation und Analyse der Debatte um die Datierung der hermetischen Schriften von Genebrard bis Casaubon (1567–1614), Tübingen 2002, 11.

213 Vgl. einige Beispiele in Stengel, Krieg (wie Anm. 148), 73–82.
214 Vgl. Luther, Buch (wie Anm. 120), WA 7, 657.

4. Dogmatische Bekräftigung: Melanchthon

Bevor sich diese Sicht Luthers in seinem zweiten großen Konflikt noch verstärkte, legte Philipp Melanchthon parallel zu dem Schriftwechsel zwischen Emser und Luther 1521 die *Loci communes* als erste evangelische Dogmatik vor. Bereits in den Baccalaureatsthesen vom September 1519 hatte Melanchthon ganz ähnlich wie Luther in der *Assertio* nunmehr scheinbar in direkter Entgegensetzung gegen Prierias und Cajetan die besondere Dignität der Heiligen Schrift betont, in zweierlei Richtung: einmal weil sie über der Autorität der Konzilien stehe – wie auch später in der *Confessio Augustana* wird der Papst nicht von Melanchthon genannt[215] – und zweitens gegenüber der von Luther angegriffenen Sakramentslehre: kein Christ sei gezwungen, Dinge zu glauben, die nicht in der Heiligen Schrift bezeugt seien. Insbesondere sei es nicht häretisch, nicht an den *character indelebilis* des Priesteramts und an die Transsubstantiationslehre zu glauben.[216]

---

[215] Erst 1537 im Tractatus *De potestate et primatu Papae.*

[216] Vgl. Philipp Melanchthon: 24 Baccalaureatsthesen vom 9.9.1919, in: Melanchthon deutsch. Bd. 2, hrsg. von Michael Beyer, Leipzig 1997, 9 f., hier: 10. Die Baccalaureatsthesen wären im Blick auf ihre kompilatorische Leistung bei der produktiven Zusammenstellung von Aussagen aus der Auseinandersetzung um Luther noch einmal auf den Prüfstand zu stellen. Gipfelnd in These 11 (gute Werke sind Sünden) erscheint besonders die Heidelberger Disputation bei Melanchthon. Dass in den Baccalaureatsthesen erstmals (a. a. O., 9) die Heilige Schrift zur alleinigen Richtschnur erklärt worden sei, kann im Blick auf die Assertio und auf die bloße Nachordnung der Konzilien (ohne Papst) so wohl kaum stehenbleiben. Das Innovative scheint mir im Verhältnis zwischen Verstand und Willen (12–14), bei den der Seele

Der kirchen- und sakramentskritischen Bestimmung des Schriftarguments folgte in den *Loci* eine theologische. Hier betonte Melanchthon klar den göttlichen Ursprung der Bibel: die Gottheit habe ihr vollkommenstes Bild in den „göttlichen Schriften" eingeprägt.[217] *In* der kanonischen Schrift, nicht außerhalb, müsse man das Wesen des Christentums sehen.[218] Ohne Namensnennung, aber in Anknüpfung an das Schriftverständnis des Erasmus wandte sich Melanchthon gegen die allegorische Schriftauslegung und gegen Origenes,[219] betonte aber zugleich, dass sich der Heilige Geist durch (per) die Schrift ergieße und sein „Anhauch" (afflatus) sei.[220] Eine völlige Identität zwischen Heiligem Geist und Schrift wird also nicht behauptet; Melanchthon scheint freier als Luther: „vieles" (multa), also unausgesprochen: nicht alles, erreiche der Geist durch die Schrift.[221]

Hier bleibt bei aller Schriftgebundenheit mehr Raum für den Geist, und es ist eine weitere kritische Distanz ausgesprochen: Emser hatte gemeint, Trinität, Christologie und Kirchenbräuche stünden nicht in der Schrift und seien daher

---

anerschaffenen und nach dem Guten strebenden Naturgesetzen, bei der schon jetzt klaren Betonung der Ethik (21) und bei der neuplatonischen Gottesidee (24) zu liegen.

[217] Vgl. Philipp Melanchthon: Loci Communes 1521. Lateinisch – Deutsch, hrsg. von Hans Georg Pöhlmann, 2. Aufl. Gütersloh 1997, 14 f.: „[...] cum in illis [divinis literis] absolutissimam sui imaginem expresserit divinitas [...]."

[218] Vgl. Melanchthon, Loci (wie Anm. 217), 14 f. („scriptura canonica").

[219] Vgl. Melanchthon, Loci (wie Anm. 217), 14 f., mit Anm. 11 des Übersetzers und Herausgebers Hans Georg Pöhlmann, siehe dazu oben Anm. 209 und 210.

[220] Vgl. a. a. O., 16 f.

[221] Vgl. ebd.

vom Geist in der Kirche gewirkt.[222] Melanchthon akzentuierte diese Kollision anders und verteidigte sie gewissermaßen gegen die kirchliche Vereinnahmung, die Emser vertreten hatte: Trinität, Christologie mit Inkarnation, Wiederge-
burtslehre sowie Schöpfungslehre seien „ganz und gar
unbegreiflich", diese Geheimnisse seien nicht zu erforschen,
sondern vielleicht als Geheimnisse anzubeten.[223] Sie zu erforschen sei nicht „ohne große Gefahr" möglich,[224] so der 24-Jäh-
rige, der diese zentralen Punkte kurzerhand aus der Dogmatik ausklammerte.

Immerhin hatte Luther ebenfalls 1521 gegen Latomus geschrieben, dass er die nicänische Formel (homoousion) hasse,
er sie nicht gebrauchen wolle und sich dabei nicht für einen
Häretiker halte,[225] weil nicht die Schrift, sondern die Kirche
ihn zwinge, diese Formel zu gebrauchen. Und an anderer
Stelle hatte er sich im selben Jahr abfällig über das Konzil von
Nicäa geäußert.[226] In der *Kirchenpostille* kritisierte er 1526
den Begriff der Trinität, weil er nicht aus der Schrift stamme,
sondern von Menschen erfunden wäre; man solle anstelle der
Bezeichnung *Dreifaltigkeit* lieber nur von *Gott* sprechen.[227]

---

[222] Vgl. oben Anm. 137.

[223] Melanchthon, Loci (wie Anm. 217), 18 f.: („Mysteria divinitatis rectius ado-
raverimus quam vestigaverimus."), sowie 20 f.

[224] Melanchthon, Loci (wie Anm. 217), 19f./20 f.

[225] Rationis Latomianae Confutatio (1521), WA 8, 117,33 f. (118,1): „Quod si odit
anima mea vocem homousion, et nolim ea uti, non ero haereticus."

[226] De votis monasticis iudicium (1521), WA 8, 617: „[...] etiam in tam sancta
Synodo fides et Euangelium defecerat et traditiones hominum invalesce-
bant [...]".

[227] WA 10/1, 2, 294,24–28: „Man begeet heütte das Fest der hajligen Trivaltikait,
woellichs wir auch ein wenig muessen rueren, das wirs nicht umb sunst
feyren. Wiewol man disen namen ‚Trivaltigkeit' niergent finden in der
hailigen gschrifft, sondern die menschen haben in erdacht und gefundet,

Das sei besonders im Blick darauf vermerkt, dass Johann Eck in seinen 404 Thesen 1530 vor dem Kaiser ausgerechnet diese und andere Stellen zitierte, um den Wittenbergern und in ihrem Gefolge auch Martin Bucer, Erasmus (!) und anderen ihre Nichtübereinstimmung mit den reichsrechtlichen altkirchlichen Symbolen und damit reichsrechtliche Illegalität nachweisen zu können.[228] Die *Confessio Augustana* enthielt dann ausdrücklich die Bindung an die altkirchlichen Bekenntnisse. Und Melanchthons Neuausgabe der *Loci* von 1535 beginnt mit der Trinitätslehre.[229] Luther schrieb 1539 ausdrücklich, dass das *homoousion* nötig sei,[230] und gegenüber Erasmus teilte er 1525 mit, dass die altkirchlichen Dogmen klarstens in der Schrift zu lesen wären, dies sei ein Geschenk des Heiligen Geistes, hier gebe es keinerlei „Dunkelheit" oder „Zweideutigkeit". Wer das nicht erkennen wolle wie die Arianer, dem habe Satan die Sinne verdunkelt.[231] Denn Erasmus hatte wie Emser daran festgehalten, dass Trinität und Christologie nach Nicäa und Chalcedon unerforschlich und nicht ausdrückliche Schriftlehre seien.[232] Erasmus bejahte wie Emser

---

Drumb lautet es auch zumal kalt, und vil besser sprech man ‚Gott' denn ‚die Trivaltigkait'."

[228] Vgl. Grane, Confessio (wie Anm. 180), 27-29; Gussmann, Ecks Artikel (wie Anm. 172), 113.121; bei Grane falsche Stellenangabe.

[229] Vgl. Grane, Confessio (wie Anm. 180), 30.

[230] Vgl. WA 50, 571 f.; Grane, Confessio (wie Anm. 228), 30.

[231] Luther, De servo arbitrio (wie Anm. 171), WA 18, 608 f. (deutsch: 239); „obscuritas aut ambiguitas". Luther nennt hier Trinität, Zweinaturenlehre, Menschheit Christi sowie Erbsünde.

[232] Desiderius Erasmus von Rotterdam: De libero arbitrio διατριβή sive collatio. Gespräch oder Unterredung über den freien Willen, übers. von Winfried Lesowsky, in: Ausgewählte Schriften, hrsg. von Werner Welzig. Bd. 4, Darmstadt 1995, 1-195, hier: 15 (mit scheinbar direkter Bezugnahme auf Melanchthons Loci); Erasmus, Hyperaspistes (wie Anm. 125), 173.

das Dogma als Kirchenlehre, über die er nicht spekulieren wollte, aber zur Behauptung der Schriftgemäßheit ging er nicht über. Das hatten die Wittenberger scheinbar nach den massiven Angriffen auf ihre als heterodox befundene Lehre getan.

In den *Loci communes* von 1521, das bleibt festzuhalten, sind die Dogmen nicht schriftgemäß und werden daher nicht behandelt. Übrigens warf Erasmus Luther 1526 vor, nicht von der Jungfräulichkeit der Maria abzurücken, obwohl sie nicht in der Schrift stehe, sondern Kirchenlehre sei; damit halte er gegen seine sonst vorgetragenen Attacken immerhin gegen das Schriftzeugnis an der Kirchenlehre fest.[233] Und auch Johannes Cochlaeus hatte bereits 1523 einen Widerspruch darin gesehen, dass Luther an den Konzilsentscheidungen von Nicäa und insbesondere an der Wesenseinheit von Vater und Sohn festhalte, obwohl beides nicht biblisch verankert, sondern von der Kirche entschieden worden sei.[234] Bei der Betrachtung der Genese der Schriftargumentation in der frühen reformatorischen Bewegung sind auch die polemischen Angriffe, die politischen Kontexte und die apologetischen Anstrengungen zu sehen, die die jeweiligen theologischen Positionen in ihrer Substanz unübersehbar beeinflusst haben.

---

[233] Vgl. Erasmus, Hyperaspistes (wie Anm. 125), 579.

[234] Johannes Cochlaeus: De authoritate ecclesiae et scripture, Libri duos [...] adversus Lutheranos. S. l. 1523 [Straßburg 1524], nach Ekkehard Mühlenberg: „Scriptura non est authentica sine authoritate ecclesiae" (Johannes Eck). Vorstellungen von der Entstehung des Kanons in der Kontroverse um das reformatorische Schriftprinzip, in: Ders.: Gott in der Geschichte. Ausgewählte Aufsätze zur Kirchengeschichte, hrsg. von Ute Mennecke und Stefanie Frost, Berlin; New York 2008, 120–146, hier: 132 f.

5. Der Geist weht nicht, wo er will! Gegen Thomas Müntzer

Die zweite große Frontstellung Luthers richtet sich gegen die ‚Schwärmer' – ein Ausdruck, den Luther wahrscheinlich selbst geprägt hatte.[235] Nach den ersten Konfrontationen mit den Zwickauer Propheten und dann mit Karlstadt[236] war es vor allem Thomas Müntzer, gegenüber dem Luther seinen Schwärmerbegriff konkretisiert hat. Von den vielen schwerwiegenden Kritikpunkten, die Müntzer gegenüber Luther vorgebracht hatte, warf er ihm vor allem vor, einen toten Glauben an die Schrift zu fordern.[237] Einen papiernen Papst habe er gewissermaßen an die Stelle der Papstautorität gesetzt, einen gestohlenen Glauben habe er verkündet und einen „Schanddeckel" habe er aus der lebendigen Schrift ge-

---

Vgl. Deutsches Wörterbuch, hrsg. von Jacob und Wilhelm Grimm. Bd. 9, Leipzig 1899, 2290.

Vgl. dazu vor allem Amy Nelson Burnett: Karlstadt and the Origins of the Eucharistic Controversy. A Study in the Circulation of Ideas, New York 2011; zum Schriftverständnis bei Karlstadt vgl. Hans-Jürgen Goertz: Variationen des Schriftverständnisses unter den Radikalen. Zur Vieldeutigkeit des Sola-scriptura-Prinzips, in: Ders.: Radikalität der Reformation. Aufsätze und Abhandlungen, Göttingen 2007, 188–215, hier: 189–193.

Vgl. z. B. Goertz, Variationen (wie Anm. 236), 193; vgl. auch Reinhard Schwarz: Thomas Müntzers hermeneutisches Prinzip der Schriftauslegung, in: LuJ 56 (1989), 11–25.

Vgl. z. B. Thomas Müntzer: Ausgedrückte Entblößung des falschen Glaubens der ungetreuen Welt, durchs Gezeugnis des Lukas-Evangeliums vorgetragen, der elenden, erbärmlichen Christenheit zur Innerung ihres Irrsals, in: Ders.: Schriften, Liturgische Texte, Briefe. Ausgewählt und in deutscher Übertragung herausgegeben von Rudolf Bentzinger und Siegfried Hoyer, Berlin 1990 (1524), 87–119, hier: 88 f.92.106.109.114 f.117.

macht.[238] Das sei, so das Wortspiel seines Gegners Luther: „Bibel, Bubel, Babel".[239] Dagegen stellte Müntzer die Forderung nach „Erfahrung", als existentielles Entsetzen, Erzittern und Fürchten, so seine Stichworte in seiner vorletzten Schrift *Ausgedrückte Entblößung des falschen Glaubens* von 1524, nicht ein bloßes Fürwahrhalten, sondern das selbst erfahrene Kreuz.[240] Er spitzte Luthers Schriftglauben als bloß imitierenden „Affenglauben"[241] zu, so als könne man durch die Schrift selig werden. Darin hätten die Wittenberger den Türken und Juden nichts voraus.[242] Man würde durch das Einsperren des Geistes in die Schrift dem Geist eine Nase drehen und ihn zum „Spottvogel" machen.[243] Der Geist als Gott sei allwirksam; auch wer die Schrift nicht kenne – Juden, Heiden und Türken – könne selig werden,[244] ohne einen stummen Gott,[245] von dem Luther, „Bruder Sanftleben und Vater Leisetret", meine, dass er nach der Schrift nicht mehr rede. Die Schriftgelehrten sähen die Schrift als ausreichend an und lehnten Offenbarungen ab.[246] Jeder Glaubende aber müsse Gottes Stimme selbst vernehmen, sonst verliere er am Ende

---

[239] WA 15, 211 (Eyn brieff an die Fürsten zu Sachsen von dem auffrurischen geyst, 1524). Von Luther ausgehend ist dieses Wortspiel weitergetragen worden.

[240] Vgl. Müntzer, Entblößung (wie Anm. 238), 90–92.95.103.105 f.109.113.118; Goertz, Variationen (wie Anm. 236), 193.

[241] Vgl. Müntzer, Entblößung (wie Anm. 238), 93.95 und öfter in Müntzers Schriften.

[242] Vgl. a. a. O., 92.95; Karl Holl: Luther und die Schwärmer, in: Gesammelte Aufsätze (wie Anm. 51), 4./5. Aufl. Tübingen 1927, 420–467, hier: 427.

[243] Vgl. Müntzer, Entblößung (wie Anm. 238), 89.101.117.

[244] Vgl. a. a. O., 93 f.

[245] Vgl. a. a. O., 104.

[246] Vgl. a. a. O., 106.

auch die „natürliche Vernunft".[247] Einen wahren Glauben könne es ohne Zeugnis des Geistes nicht geben.[248] Durch einen recht bezeugten Glauben aber würden viele Heiden und Türken von selbst Christen werden.[249]

Hier war der Geist nicht als derjenige Thema, der bei Emser auch nach der Schrift, aber in der Kirche wirkt, sondern als derjenige, der über die Schrift hinaus und eben auch unabhängig von der Schrift als das „rechte lebendige Wort Gottes" persönlich erfahrbar ist, als Wort, das die Auserwählten von Anbeginn „aus Gottes Mund" gehört haben und das die Unterscheidung zwischen „Bibel" und „Babel" ermöglicht.[250] So könnte Müntzer seine wenigstens literarische Kenntnis Ficinos und möglicherweise auch Picos angedeutet haben.[251] In diesem Sinne kann Müntzer sogar von der „bloße[n] Schrift" sprechen, die die „höllengrundfesten Pfaffen" „schalkhaftig aus der Bibel gestohlen haben".[252]

In dem folgenschweren und kurzen literarischen Disput zwischen Luther und Müntzer ging es wohl vor allem auch

---

[247] Vgl. a. a. O., 109 f.; Goertz, Variationen (wie Anm. 236), 193.

[248] Vgl. a. a. O., 109 f.

[249] Vgl. a. a. O., 115.

[250] Vgl. Thomas Müntzer: Das Prager Manifest. Erweiterte deutsche Fassung, in: Bentzinger/Hoyer (wie Anm. 238), 13–23, hier: 19; Siegfried Raeder: Thomas Müntzer als Bibelübersetzer, in: Siegfried Bräuer und Helmar Junghans (Hrsg.): Der Theologe Thomas Müntzer. Untersuchungen zu seiner Entwicklung und Lehre, Berlin (Ost) 1989, 221–257.

[251] Dass Müntzer Platon in der Ausgabe Ficinos gekannt hat, ist bekannt, aber auf die pauschale Rezeption antiker Autoren reduziert worden, vgl. Ulrich Bubenheimer: Thomas Müntzer und der Humanismus, in: Bräuer/Junghans (Hrsg.), Müntzer (wie Anm. 250), 302–328, hier: 303 f., 308; zu auffälligen Parallelen gegenüber Pico vgl. Stengel, Hermetismus (wie Anm. 148), 65–68.

[252] Vgl. Müntzer, Prager Manifest (wie Anm. 250), 14.

darum, wer in Müntzers Einflussgebiet in Nordthüringen und im Südharz die Reformation bestimmen würde.[253] Aber schon vor der Katastrophe von Frankenhausen nahm Luther Müntzers Rede von der Stimme Gottes zum Anlass, ihm zu unterstellen, von jedem Christen übersinnliche Offenbarungen zu fordern. Aus dem knappen Werk Müntzers kennen wir keine einzige Stelle, an der er solche persönlichen Gottesbegegnungen als sinnlich wahrnehmbares Reden Gottes *von außen* gefordert hätte. Die Stimme Gottes bezieht sich auf Erfahrung und es wird nicht gesagt, ob sie sich sinnlich wahrnehmbar oder als Seelenbewegung vollziehen soll.[254]

Vor und dann besonders nach Frankenhausen war sich Luther hingegen sicher: Der äußere Geist jenseits der Schrift, den Müntzer fordert, ist Satan selbst, ein Geist, der immer Aufruhr stiftet. Die falschen Propheten hören Stimmen vom Himmel und meinen mit Gott zu sprechen, obwohl sie in Wirklichkeit mit dem Teufel reden.[255] Und er unterstellte Müntzer unzutreffenderweise, nicht nur die Bibel und das mündliche Wort – hier offenbar der schriftgemäßen Predigt –, sondern auch die Sakramente aufheben zu wollen.[256] Das

---

[253] Vgl. dazu Friedemann Stengel: Omnia sunt communia. Gütergemeinschaft bei Thomas Müntzer?, in: ARG 102 (2011), 133–174, hier: 167–173, dort auch weitere Stellen und Literatur zu Müntzers Geist- und Schriftverständnis.

[254] Vgl. dazu Stengel, Hermetismus (wie Anm. 148), 65–68.

[255] Vgl. Luther, Eyn brieff an die Fürsten zu Sachsen von dem auffrurischen geyst, 1524, besonders WA 15, 210 f.; sowie Luther, Den ersamen und weysen herren Burgermeyster, Rhat und gantzer Gemeyn der stadt Muelhausen, meynen lieben herrn und guten freunden, WA 15, 238–240; und vor allem das weit verbreitete Flugblatt Luthers: Eine schreckliche Geschichte und ein Gericht Gottes über Thomas Münzer, WA 18, 362–374, hier: 367–369.

[256] Vgl. Luther, Eyn brieff an die Fürsten zu Sachsen von dem auffrurischen geyst, 1524, besonders WA 15, 216. Dass Müntzer geistiger Vater des Täufer-

Bauernschlachten im Mai 1525 ist ihm nichts anderes als ein Gottesurteil darüber, dass dieser Geist, der ihm programmatisch als schriftverachtend erschien, der Teufel selbst gewesen sei.[257] Das ist offenbar auch ein Verteidigungsreflex auf den Vorwurf vieler ‚Altgläubiger‘, dass es nicht Müntzer, sondern Luther gewesen sei, der den gemeinen Mann gewissermaßen auf die Straße geführt habe[258] und für den Tod von 100.000 Menschen verantwortlich sei, so die Schätzung des Erasmus, die seither immer wieder kolportiert worden ist.[259]

Melanchthon verbreitete es kurz nach Müntzers Tod äußerst wirkmächtig: Während Gott den Luther zur Reformation erweckt habe, habe der Teufel den Müntzer erweckt und ihn die Gütergemeinschaft, die Abschaffung aller Obrig-

---

tums und der Aufhebung der Sakramente gewesen sei, ist schon frühzeitig durch Melanchthon und dann durch Heinrich Bullinger als polemische Argumentation gegen den angeblichen Gewaltcharakter der Täufer kolportiert worden, aber insbesondere angesichts der Differenzen zwischen Müntzer und dem Züricher Kreis um Konrad Grebel unzutreffend. Müntzer hat die Kindertaufe wohl eher symbolisch erklärt, aber keine Erwachsenentaufe durchgeführt. Vgl. Stellen bei Jan Cattepoel: Thomas Müntzer, Frankfurt am Main u. a. 61, 127–130.

[257] Vgl. Luther, Geschichte (wie Anm. 255), WA 18, 367.

[258] Neben Cochlaeus, Karl V. und anderen war es vor allem Hieronymus Emser, der den Vorwurf erhob, der Bauernaufruhr sei dem „teych der Lutherischenn ketzerey" entsprungen: Das New Testament so durch den hochgelerten Hieronymum Emser seligen verteutscht / under des Durchleuchten / Hochgebornen Fürstenn und Herrn / Herrn Georgen Hertzogen zu Sachssen etc. Regiment außgegangen ist, Freiburg i. Br. 1534, am Beginn der Vorrede 2^r. Vgl. dazu Stengel, Müntzer (Anm. 253), 165 f.; Stengel, Hermetismus (wie Anm. 148), 42.67 f.

[259] Vgl. Wilhelm Ribhegge: Erasmus von Rotterdam, Darmstadt 2010, 137; so auch bei Gottfried Arnold: Unpartheyische Kirchen- und Ketzerhistorie, vom Anfang des Neuen Testaments biß auf das Jahr Christi 1688, Franckfurt am Mayn 1729, Bd. 2, 467.

keit und die Forderung nach himmlischen Zeichen predigen lassen.[260] Diese drei Punkte sind fortan organisch miteinander verbunden: der Umsturz der Ordnung ist mit dem Wirken eines falschen, des bösen Geistes verbunden, der sich als wahrer Prophet oder Stimme Gottes ausgibt. Wer künftig einen Heiligen Geist über die Schrift hinaus wirken sieht wie etwa Valentin Weigel oder Johann Arndt, wurde von Lutheranern häufig unter dem Rubrum Müntzerianer[261] als Aufrührer verdächtigt. Diesen Konnex hatte Luther im *8. Schmalkaldischen Artikel* unter ausdrücklicher Nennung Müntzers

---

[260] Zu Beginn der vielfach aufgelegten und rezipierten Histori Thome Muntzers / des anfengers der Döringischen uffrur / seer nutzlich zulesen, z.B. in: Philipp Melanchthon: Die Historie Thomas Müntzers, in: Flugschriften des Bauernkriegs, hrsg. von Adolf Laube und Hans Werner Seiffert, 2. Aufl. Berlin 1978, 531–543; vgl. dazu dazu Stengel, Müntzer (Anm. 253), 161–163.

[261] Weigel beschreibt diese Diffamierung selbst: „Jetzund gedencke ich Thomae Müntzers / der ja auch vom innern Worte so viel hielte / und keine Schrift annemen wollte / er hette es dann in seinem Hertzen inwendig erfahren / er ist aber von den hohen Schulen und allen Gelehrten außgemustert und verworffen. Da ich nun solte die Leute führen / auff das innere Wort / Gehör / Zeugnuß deß Hertzens / oder Erfahrung in innern Grunde / so hette ich das gewiß / daß sie mich für einen Müntzerischen Geist hielten / für einen himmlischen Propheten." Valentin Weigel: Dialogus de Christianismo. Das ist / Ein christliches / hochwichtiges / nothwendiges Colloquium oder Gespräche / dreyer fürnehmbsten Personen in der Welt / als Auditoribus, Concionatoris und Mortis. Wie der Mensch von Gott gelehret / auß Gott widergeboren / mit Christo leibhafftig / innerlich und eusserlich vereyniget / selig und gerecht werde / und nicht ausserhalb ihme, Newenstatt [Halle/Saale] 1616, 34, sowie 65, 77. Selbst bei Ranke werden parallelisiert: die „münzerischen Inspirationen, die sozialistischen Versuche der Wiedertäufer und die paracelsischen Theorien", vgl. Leopold von Ranke: Deutsche Geschichte im Zeitalter der Reformation, o. O. [Bertelsmann], o. J. [1839–1847], 1241. Vgl. weitere Beispiele mit Literatur bei Stengel, Müntzer, (Anm. 253), 133–137.

zementiert,[262] übrigens unter Einspruch Martin Bucers, der die Anbindung der Gnade und des Geistes Gottes an das Schriftwort als Einschränkung der Allmacht Gottes empfand.[263] Das fest fixierte Ordnungsgefüge zwischen Schrift und Geist scheint gewissermaßen identisch zu werden mit der landesherrlichen Ordnung – ein Phänomen, das Thomas Kaufmann als Luthers „ordnungstheologische[n] Konservativismus"[264] beschrieben hat. Die Fesselung des Geistes geschieht durch Schriftordnung und durch eine nötigenfalls gewaltsam durchgesetzte landesherrliche Regimentsordnung.

Das ist das Hauptergebnis der Auseinandersetzung mit dem Gerichtspropheten Müntzer, der zum Bauernaufstand erst spät hinzugestoßen und seither als maßgeblicher Anführer immer wieder avanciert worden ist, um den Bauernaufstand insgesamt zu diabolisieren. Der Geist wirkt nicht außerhalb der Schrift – gegenüber Emser: nicht in der römischen Kirche und ihren Traditionen, gegenüber Müntzer: nicht als eigene Offenbarung. Wer eine Geisterfahrung außer der Schrift behauptet, ist vom Teufel besessen. Sicherlich in diesem Kontext dürfte ein pneumatologisches Defizit entstanden sein, das immer wieder Gegenstand von Auseinandersetzungen gewesen ist, sei es bei den Pietisten württembergischer oder sogenannter radikaler Prägung, bei den „begeisterten Mägden" in den 1690er Jahren, in der sogenannten Erweckungsbewegung oder bei den rationalistisch und spiritistisch geprägten Bewegungen im 19. Jahrhundert.

---

262 Vgl. oben Anm. 33.

263 Grane, Confessio Augustana (wie Anm. 29), 57 f.

264 Thomas Kaufmann, Geschichte der Reformation, Frankfurt am Main; Leipzig 2009, 500.

Müntzer hatte die Schriftfixierung Luthers, die gegen die Behauptung kirchlicher Auslegungsgemeinschaft unter dem Schiedsrichter Papst entstanden war, aufgenommen. Er hatte ebenfalls wie Luther die starre Verbindung zwischen Geist und Kirche abgelehnt und den Geist auf die Kirche der Auserwählten und den Einzelnen in ihr beschränkt. Zugleich hatte er die Schrift als *Zeugnis* des Glaubens[265] betrachtet. Glaube aber ist ihm existentielle Gotteserfahrung, die nicht allein durch die Schrift entstehen kann.

---

[265] Vgl. Müntzer, Entblößung (wie Anm. 238), 93 f.; ders: Hochverursachte Schutzrede und Antwort wider das geistlose, sanftlebende Fleisch zu Wittenberg, welches mit verklärter Weisheit durch den Diebstahl der Heiligen Schrift die erbärmliche Christenheit als ganz jämmerlich besudelt hat, in: Ders.: Schriften (wie Anm. 238), 120–141, hier: 136. Vgl. neben Müntzer auch dessen einzigen direkten Schüler Hans Hut sowie Sebastian Franck, vgl. Goertz, Variationen (wie Anm. 236), 201.212.

6. Das Schriftprinzip ist Christusprinzip

Die dritte entscheidende Front bildet die Auseinandersetzung Luthers mit Erasmus von Rotterdam, von dem Luther weitaus mehr Impulse empfangen haben dürfte, als er es selbst zugab. Nicht nur den griechischen Text des Neuen Testaments, der Luther vorlag, hatte Erasmus zusammengestellt. Seine schon im *Enchiridion militis christiani* klar erkennbare „Schrifttheologie"[266] hatte entscheidenden Einfluss auf Melanchthon und Luther. Erasmus hatte sich 1516 für die Übersetzung und die Schriftlektüre durch Laien und insbesondere durch Frauen ausgesprochen, damit deren Leben nach dem Vorbild Christi umgeformt werden könne.[267] Und Erasmus hatte die alte allegorische Auslegung als „Typologese" auf Christus und das Kreuz hin umgeformt – gegen die Auslegung nach dem vierfachen Schriftsinn, den er wie Luther gegenüber Emser in das Schema Geist und Buchstabe umwandelte.[268] Für Erasmus war die Schrift die universal wirkende „Pädagogie des Heiligen Geistes" mit dem Zentrum Christus.[269] Schon 1516 hatte er im Alten Testament die auf Christus hinführende *Lex spiritus* neben der Vorstufe des jüdischen Zeremonialgesetzes erblickt.[270]

Die entscheidende Differenz zwischen Luther und Erasmus bestand wohl gar nicht in der Frage der Heiligen Schrift.

---

[266] Kohls, Erasmus (wie Anm. 209), 142.

[267] Vgl. a. a. O., 138.140.

[268] Vgl. a. a. O., 129.131.134.136.140.

[269] A. a. O., 137, sowie 139.142.

[270] A. a. O., 144 sowie 147.149.

1524 hatte Erasmus zwar schwerwiegende Einwände dagegen erhoben, dass Luthers Schriftlehre in sich überhaupt konsistent sei. Aber er hatte vor allem den spätestens 1518 vorhandenen unüberbrückbaren Gegensatz im Menschenbild deutlich herausgehoben. In Wahrheit – zu diesem Ergebnis kam Erasmus in seinen beiden großen Schriften über den freien Willen – sei nicht die Schrift das Zentrum der Schriftlehre Luthers, sondern seine Rechtfertigungslehre. Luther habe sie auch dort in die Schrift hineingeschrieben, wo sie nicht stehe. Erasmus hatte zudem schon länger moniert, dass eben auch Luther nur die Schale, nicht den Kern der Schrift vor sich habe, aber als Kern den anderen fortwährend seine eigene Lehre aufdränge.[271] Wer die nicht teile, den halte er für des Teufels.[272]

6.1 Emser und die Übersetzung des Neuen Testaments

Bevor ich auf einige zentrale Punkte in diesem letzten großen Schriftstreit Luthers komme, möchte ich noch auf den Vorwurf eingehen, Luther vertrete nicht eine in sich konsistente Lehre von der Einheit der Schrift, sondern trage seine eigene Theologie in sie hinein. Das hatte der Erasmus-Anhänger

---

[271] Smolinsky, Alveldt (wie Anm. 127), 266; so auch Karlstadt, vgl. Goertz, Variationen (wie Anm. 236), 191; Kohls, Erasmus (wie Anm. 209), 130. Emser sprach wiederholt davon, Luther kämpfe mit der Scheide, nicht mit der Schneide des Wortes und ignoriere dessen rechten „Verstand", vgl. Emser, Buch (wie Anm. 126), 9 f.39; Emser, Quadruplica (wie Anm. 131), 168.

[272] In der Tat hatte Luther 1522 in seiner „Antwort deutsch auf König Heinrichs Buch" gegen Heinrich VIII. behauptet, seine Lehre decke sich mit dem Wort Gottes; wer sie nicht teile, verdamme Gott und sei ein Kind der Hölle, WA 10/2, 229 f.: „Das heyß ich auch meyn lere, wenn ich von meiner lere

Emser bereits 1521 kritisiert. Insbesondere Luthers Auffassung von der Prädestination, seine Ablehnung des freien Willens im Erlösungsgeschehen und seine Betonung der Rechtfertigung *sola fide* ohne Werke hatte er hier in seinen Streitschriften schon genannt. 1527 brachte Emser im Auftrag Herzog Georgs von Sachsen eine Großkorrektur von Luthers Übersetzung des Neuen Testaments von 1522 heraus, die im Herzogtum Sachsen ja verboten worden war. 607 Übersetzungsfehler erkannte er bei Luther, in der unmittelbaren Übersetzung und in Luthers Randglossen zum Septembertestament, darunter viele Stellen, an denen Luther vorsätzlich seine eigene Theologie in den Text eingetragen habe,[273] um die gottlose lutherische Sekte[274] abzuführen, was man beim Bauernaufruhr[275] gesehen haben. Ich nenne einige prominente Stellen.

1. Vorwurf: Luther vernichte gezielt die Gerechtigkeit, die aus den Werken des Gerechtfertigten folge. Nicht nur habe er den Jakobusbrief, in dem ein Glaube ohne Werke als tot bezeichnet wird, als „strewern Epistel" bezeichnet, obwohl ihn die christliche Gemeinde kanonisiert habe.[276] Er habe dem-

---

sage, davon die hohen schulen unnd kloester nye nichts rechts gelerett haben. Denn solch ding ist der heyligen schrifft ynnhalt unnd gottis wortt. Unnd bey solchen stuecken, wie ich sie gelered hab, will ich ewiglich bleyben unnd sagen: Wer anders lerett, denn ich hyerynn gelered hab, odder mich darynn verdampt, der verdampt gott unnd muß eyn kind der hellen bleyben. Denn ich weyß, das dieße lere nicht meyn lere ist. Trotz allen teuffeln unnd menschen, das sie die umbkeren".

[273] New Testament nach Emser (wie Anm. 258), Beschlussrede: „Bei sechshundert und siben gemerkte stell / wo Luther dem text des newen Testaments zu gethon und abgebrochen / wo er auch den selbigen dur falsche gloßen / auff unchristlichenn verstandt gezogen hat."

[274] Vgl. a. a. O., 3^v.

[275] Vgl. oben Anm. 258.

entsprechend in Röm 3,28 zu dem *fide* – der Gerechte wird aus Glauben leben – ein *sola* hinzugefügt: allein durch Glauben, obwohl das *sola* weder im griechischen Text noch in der Vulgata stehe.[277] Damit war Luther zwar nicht der Erste gewesen. Schon Nikolaus von Kues hatte in seinen *Excitationum libri decem* dem *fide* mehrmals ein *sola* hinzugesetzt; diese Predigten waren soeben, 1514, in den *Opera omnia* des Cusanus von Faber Stapulensis herausgegeben worden.[278] Mit den Werken, betonte Emser wie später auch Erasmus, meine Paulus zudem nicht die guten Werke, sondern die jüdischen Zeremonialgesetze und die Beschneidung.[279] Zudem habe Luther auch in Röm 3,21 ein nicht textgemäßes *sola* eingefügt: *allein* durch das Gesetz kommt die Erkenntnis der Sünde.

Möglicherweise ging es auf diese Kritik zurück, dass das *sola fide* in der *Confessio Augustana* drei Jahre später nicht vorkam, sondern nur einmal indirekt als Zitat aus dem *Ambrosiaster* und damit gewissermaßen mit Väterautorität.[280]

2. In der Weihnachtsgeschichte Lk 2,14 rufen die Engel nach der Übersetzung Luthers: „Preys sey Gott ynn der hohe / vnd frid auff erden / vnd den menschen eyn wolgefallen."[281]

---

[276] New Testament nach Emser (wie Anm. 258), 358ʳ.

[277] Vgl. a. a. O., 235ʳ.

[278] Vgl. Nikolaus von Kues: Haec accurata recognitio trium voluminum operum clariss. P. Nicolai Cusae Card. ex officina ascensiana recenter emissa est cuius universalem indicem, proxime sequens pagina monstrat, hrsg. von Jacques Lefèvre D'Etaples. 3 Bde., Paris: Josse Badius 1514. Im Exemplar der halleschen Universitätsbibliothek (AB BB 92a) sind viele dieser Passagen handschriftlich markiert worden, vgl. Bd. 2, LXIʳ, LXXʳ, LXXXVIᵛ, LXVIIIʳ, XCIIIᵛ, XCVᵛ passim.

[279] Vgl. New Testament nach Emser (wie Anm. 258), 234ᵛ; Stengel, Hermetismus (wie Anm. 148), 60 f.

[280] In CA VI, vgl. Grane, Confessio (wie Anm. 180), 64.

[281] Vgl. Das Newe Testament Deutzsch, Vuittemberg 1522, XLIᵛ, WA.DB 6, 217.

Dies, so Emser, habe Luther dem freien Willen zum „abbruch" verdeutscht.[282] Denn in der Vulgata steht „hominibus bonae voluntatis", Friede den Menschen, „die eins guten willen sein". Emser fährt fort:

> „Dann es ligt an dir ob du gutes oder böses im willen habest. Aber das gut zuthun unn das böß zumeiden darfftu götlicher gnad unn hilff zu / welche hie verheyßen wirt allen denen / die eins guten willen sindt".[283]

Luther scheint seine Übersetzung an dieser Stelle wie auch an anderen, so Phil 2,13,[284] wo εὐδοκία statt *bona voluntas* steht, vom griechischen Text nach Erasmus abzuleiten – trotz der Uneindeutigkeit des griechischen Worts. So kann man die Differenz auch erklären. Entscheidend aber ist, dass Emser zwar Erasmus' *Textus receptus* kannte und vielfach auf dessen *Adnotationes ad Novum Testamentum* verwies, aber dennoch eine Kritik präsentierte, die in Luthers Übersetzungsleistung bei allem volkssprachlichen Verdienst an entscheidenden Stellen theologisch motivierte Umdeutungen des Textgehalts erblickte. Es wäre noch zu untersuchen, welche Rolle Emsers Neues Testament für die Dogmatisierung der Vulgata beim Trienter Konzil gespielt hat, denn es war ihm wohl klar, dass Erasmus' *Textus receptus* eine Quellenkombination und kein Urtext war. Schon in der Vorrede zu seinem Neuen Testament hatte Emser sich klar für die unveränderte Vulgata des Hieronymus ausgesprochen; nur so könne die Einheit des Christentums überhaupt gesichert werden.[285]

---

[282] Vgl. New Testament nach Emser (wie Anm. 258), 93ᵛ.

[283] Vgl. a. a. O., 93ᵛ.

[284] Vgl. a. a. O., 308ᵛ.

[285] Vgl. New Testament nach Emser, Ausgabe Leipzig 1529 [andere Vorrede], IIIᵛ–IIIIʳ, sowie XVIIʳ.

3. Jesu Wort Mt 26,51 f. „Wer das Schwert nimmt, wird durchs Schwert umkommen", glossierte Luther mit der Bemerkung: „Wer das Schwert ohn ordentlich gewallt braucht".[286] Hier habe Luther ein Jesuswort gegen seine eigenen „Rottmeister" und zugunsten der weltlichen Obrigkeit kommentiert, die ihr Schwert nicht umsonst trage, so Emser.[287] Das habe Luther auch in in Mt 20,25 getan, wo im Griechischen die Gewalt der Fürsten der Heiden und der Großen (οἱ ἄρχοντες τῶν ἐθνῶν […] καὶ οἱ μεγάλοι) genannt wird, Luther aber die weltlichen Herren beschreibt. Damit habe er zum Ungehorsam gegen die weltlichen Herren aufgerufen – für Emser Beweise für seine Mittäterschaft beim Aufruhr.[288]

4. In Röm 13,1 steht: *Jedermann* sei untertan der Obrigkeit. Im Griechischen und im Lateinischen steht: jede Seele (πᾶσα ψυχή, *omnis anima*)! Damit habe Luther ketzerisch nahegelegt, dass der Mensch nur nach seinem Leib, nicht aber nach seiner Seele untertan sein müsse.[289] Emser nahm damit zugleich ausdrücklich auf Luthers theologisch konsequenzen-

---

[286] Vgl. Das Newe Testament nach Luther (wie Anm. 281), WA.DB 6, 120.

[287] Vgl. New Testament nach Emser (wie Anm. 258), 51ʳf.

[288] Vgl. a. a. O., 38ʳf. („Darumb liegenn die ketzer das man kein oberkeit haben / unnd niemand andern underthon sonder ein ider frey sein soll.")

[289] Vgl. a. a. O., 248ʳf.: „Merck da wider die ketzer, die do sprechen / sie sein der oberkeit allein mit leib und gut underworffen. Aber was die seele anlange / seyen sie ynenn nitt schuldig gehorsam zu sein / Als so man ynen zu gut und heyle / die ketzerischen bücher verbeut zulesen / darauß nitt allein zeitlicher / sonder auch ewiger schaden der seelen erfolget. Aber Sanct Paulus bricht ihnen hie die schantz / und verstopft ynen die meuler / in dem das er nit sagt / ein yetzlicher leib / noch eyn yetzlicher mensch. Sonder eyn yetzliche seel sey auch underthan der oberkeit. Dann die seelen die auß versumnis unn nachleßigkeit der oberkeit verderben / will Gott auß yren henden fordern. Ezechiel. 3.&33."

reiche Klage in der Obrigkeitsschrift 1523 über die Beschlag-
nahmung seiner Übersetzung des Neuen Testaments im
Herzogtum Sachsen Bezug.

Das sind nur einige prominente Beispiele, die die Runde
machten. Die sogenannte, im 16. Jahrhundert in ,altgläubi-
gen' Gebieten weit verbreitete Emserbibel ist bislang nicht
Forschungsgegenstand gewesen. Entscheidend ist ihr Grund-
vorwurf, dass Luther nicht nur seine eigene Lehre für allein
schriftgemäß halte, sondern sie sogar in seine Übersetzung
eingetragen habe. Das Zentrum ist also in Emsers Augen bei
Luther nicht die Schrift, sondern die Theologie, der er die
Schrift an strittigen Stellen durch seine Übersetzung und mit
Glossen anpasse.

6.2 Erasmus

Zwei Jahre vor Emsers Revision des Neuen Testaments hatte
Erasmus ebenfalls den Grundkonflikt weniger in der Schriftlehre als in der Theologie gesehen. Dass Luther auf Erasmus'
zweites Buch *Hyperaspistes* nicht geantwortet hat, könnte
auch daran gelegen haben, dass ihm keine Gegenargumente
mehr zur Verfügung standen;[290] vielleicht hängt es auch damit zusammen, dass er sich, wie Volker Leppin meint, nach
dem Bauernkrieg 1525 nur noch an der Peripherie des reformatorischen Geschehens befand, als „Reformator am Rande
der Reformation", wohin er wegen seiner von Freund und
Feind als unsäglich empfundenen Schriften gegen die Bauern
– und wohl auch gegen Erasmus – gelangt sei.[291] *De servo ar-*

---

[290] Vgl. auch Rochus Leonhardt: Skeptizismus und Protestantismus. Der phi-
losophische Ansatz Odo Marquards als Herausforderung an die evangelische Theologie, Tübingen 2003, 172.

[291] Vgl. Leppin, Luther (wie Anm. 104), 277–318.

bitrio ist besonders in der ersten Hälfte des 19. Jahrhunderts in vielen Lutherausgaben nicht vorhanden gewesen[292] und zählt doch für viele zu seinen wichtigsten Schriften überhaupt. Erasmus hat 1524 mit seiner *Diatribe* über den freien Willen den Streit begonnen – im selben Jahr, als Luther mit Müntzer über den Geist in der Schrift stritt, und er hat 1526 mit der umfangreichen „Beschützung" seiner *Diatribe, Hyperaspistes*, auf Luther geantwortet. Erasmus' Thema war Luthers Bestreitung des freien Willens seit der Heidelberger Disputation 1518 und dann in der *Assertio*, wo er die guten Werke des Menschen pauschal als Todsünden und den freien Willen als bloßes *titulum*, als leeren Begriff, bezeichnet hatte.[293]

Erasmus argumentierte mit der Heiligen Schrift, um Luther das Recht abzusprechen, seinen konsequenten Antipelagianismus als allein schriftgemäß zu bezeichnen. Gegenüber Luther betonte Erasmus die Heiligkeit der Schrift als einziger Offenbarungsquelle, er wollte keine Tradition gleichwertig neben ihr wissen, auch wenn er darauf beharrte, dass die Offenbarung „ständig durch den Geist neu [...] in der heiligen Schrift" geschehe.[294] Den vierfachen Schriftsinn praktizierte Erasmus nicht.[295] Für Erasmus ist und bleibt die Schrift besser dunkel, weil sie übervernünftig und heilig ist. Er ließ es dabei bewenden, dass es dunkle Stellen gibt, *adyta*, was nur

---

[292] Vgl. dazu: Friedemann Stengel: Was ist Humanismus?, in: PuN 41 (2015), 154–211, hier: 172 f. In Johann Georg Walchs Lutherausgabe war der Text enthalten (Bd. 18, 1746, 2049–2483).

[293] Vgl. zur Heidelberger Disputation an dieser Stelle Stengel, Hermetismus (wie Anm. 148), hier: 35 f. Andernorts zitierte Erasmus ohne explizite Referenz die These Luthers aus der *Heidelberger Disputation* und der *Assertio omnium articulorum* (These 36), der freie Wille sei nur ein *titulum* oder leerer Begriff, vgl. z. B. Erasmus, Hyperaspistes (wie Anm. 125), 391, passim.

[294] Kohls, Erasmus (wie Anm. 209), 126 f.

[295] Vgl. oben Anm. 268.

ungenau mit „unzugänglich" übersetzt wird, aber präziser unbetretbare allerheiligste Orte bezeichnet.[296] Wie Melanchthon und Emser sah Erasmus, dass die Dogmen nicht in der Schrift stehen, sondern Produkt der Kirche sind. Er wollte sie daher aus dem Streit über die Schrift suspendieren und meinte vor allem die Trinität, die Christologie, die Lehre von der Schöpfung, sogar die Jungfrauengeburt und die biblische Rede von einem allzu menschlichen Gott, der rasen, sich empören, drohen und bereuen kann.[297] Hier sah er menschliche Sprache und Deutungen, aber keine Klarheit.

Dies wollte Erasmus auf jeden Fall auch für die Frage des freien Willens gelten lassen, für den Willen also, sich demjenigen zu- oder abzuwenden, was zum ewigen Heil führt,[298] und für die Frage der Prädestination. Niemand außer Wyclif, Mani, Jan Hus und Luther hätte den freien Willen ganz beseitigt und niemand hätte bisher außer denen behauptet, alles geschehe aus purer Notwendigkeit.[299] Demgegenüber listete er Bibelstellen für und gegen den freien Willen auf.[300]

Diese Stellen sind hier nicht Thema. Aber, so Erasmus, da die Schrift aus einem Geist sei, könne sie sich nicht widersprechen.[301] Also müsse es umgekehrt der menschliche Verstand sein, der den Mangel in sich trägt; es liege nicht an der Wahrheit der Schrift, die für uns in letzter Instanz dunkel ist, es liege an der schwachen menschlichen Vernunft, die nicht

---

[296] Vgl. Erasmus, De libero (wie Anm. 232), 11.

[297] Vgl. a. a. O., 15.21.

[298] Vgl. a. a. O., 37. Erasmus spricht nicht von der Hinwendung zum ewigen Heil selbst, sondern von der Hinwendung zu den Mitteln.

[299] Vgl. a. a. O., 25.91; Erasmus, Hyperaspistes (wie Anm. 125), 561.

[300] Vgl. Erasmus, De libero (wie Anm. 232), z. B. 67–71.73–79.91–121.

[301] Vgl. a. a. O., 37.

an das Niveau des Allmächtigen heranreicht.[302] Die Paradoxa stehen nicht in der Schrift, sondern entstammen der Auslegung.[303] Daher müsse es ein maßvolles Urteil geben, damit nicht jeder nach seiner Absicht auslegt[304] und ein – modern gesprochen: fundamentalistischer – Streit entsteht.

Für Erasmus ist Luthers absolute Selbstüberzeugtheit völlig unverständlich. „Ich flehe täglich Jesus an, so laut ich vermag: ‚Erbarme dich, Herr, gib, daß ich das Licht sehe'", schreibt Erasmus, „aber du, Luther, sagst: ‚Schweig, du Blinder!'"[305] Zugleich behaupte Luther, die Wahrheit zu erkennen, weil er meine, nur er habe den wahren Christus; damit maße er sich ein Gottesurteil an.[306] Selbst Melanchthon würde Luther zum Werkzeug des Satans erklären, wenn er gegen Luthers Ansicht verstoßen würde.[307] Alle aus Luthers Lager hätten dieselbe Schrift und alle behaupteten, den Geist zu besitzen, aber alle – Karlstadt, Oekolampad, Zwingli, Hubmaier und andere – wichen von Luther ab, erklärte Erasmus.[308]

Hinter Luthers Behauptung der Klarheit der Schrift sah Erasmus einen Irrtum und eine Anmaßung: sein Irrtum sei die doppelte Klarheit,[309] seine Anmaßung bestehe darin, dass Luther seine Auffassung wie ein Gottesurteil vertrete[310] – in

---

302 Vgl. Erasmus, Hyperaspistes (wie Anm. 125), 275.281.

303 Vgl. a. a. O., 393; Erasmus, De libero (wie Anm. 232), 193.

304 Erasmus, De libero (wie Anm. 232), 157.

305 Erasmus, Hyperaspistes (wie Anm. 125), 231.

306 Vgl. a. a. O., 313.383.391.587.595.625; Erasmus, De libero (wie Anm. 232), 33.193.

307 Vgl. Erasmus, Hyperaspistes (wie Anm. 125), 239.

308 Vgl. a. a. O., 173 („Deshalb ist es unbillig, dass wir dir mehr zugestehen sollen als dir deine wichtigsten Mitstreiter zugestehen.").

309 Vgl. Erasmus, Hyperaspistes (wie Anm. 125), 475–477.569.

310 Vgl. a. a. O., 313.

der Frage des freien Willens und der alleinigen Schriftauslegung. Luther solle seinen eigenen Geist vertreiben, damit er nicht von einem anderen Reiter geritten werde, als er selbst behaupte.[311] Das ist Erasmus' Entgegnung auf Luthers Unterstellung, wer die Schrift nicht so verstehe wie er, dem habe Satan die Sinne verschleiert,[312] und wer nicht wie er wisse, was Gott in der Frage der Rechtfertigung wirke, solle offen bekennen, kein Christ zu sein.[313]

Erasmus erkennt hierin die Behauptung des Geistbesitzes und die Zementierung dieses Besitzes durch den Anspruch, seine Schriftauslegung werde vom Geist gewirkt und sei mit der Schrift identisch.[314] In Wirklichkeit rede Luther nur von *sich* und seiner Wahrheit.[315] Luther fehle darin, immer nur seine Auslegung als Wort Gottes aufdrängen zu wollen. Dass diese Auslegung die Schale, nicht den Kern offenlege, war für Erasmus unbestritten, auch wenn er im Gegensatz zu Reuchlin wohl keine weiteren kabbalistischen Neigungen hatte, sondern einen geistlichen Schriftgehalt annahm, den er aber zu erklären nicht beanspruchte, um einen ‚Fundamentalismus' abzuwehren, sondern um „in der Begegnung mit Christus als dem innersten Mysterium der Schrift zu einer Umformung des Lebens aus dem Geiste Christi heraus"[316] zu gelangen.

---

[311] Vgl. a. a. O., 313. Wer Luthers Reiter und sein Geist sei, wollte Erasmus nicht offenlegen, obwohl er es aufgrund der „Autorität anderer" zu können meinte.

[312] Vgl. a. a. O., 585 f.; vgl. oben Anm. 272; sowie Leonhardt, Schriftbindung (wie Anm. 23), 138.

[313] Vgl. Erasmus, Hyperaspistes (wie Anm. 125), 327.

[314] Vgl. vor allem Erasmus, De libero (wie Anm. 232), 33; Erasmus, Hyperaspistes (wie Anm. 125), 585–587 vgl. auch Leonhardt, Skeptizismus (wie 290), 171.

[315] Vgl. Erasmus, Hyperaspistes (wie Anm. 125), 569.

[316] Kohls, Erasmus (wie Anm. 209), 139 f.

Die Lehre von der äußeren und inneren Klarheit hielt Erasmus für nicht durchhaltbar, denn die Schrift bleibt ihm äußerlich widersprüchlich. Das innere Zentrum sei göttlich und an vielen Punkten so entrückt, dass es dem menschlichen Verstand entzogen ist. Dem Vorwurf Luthers, Erasmus wolle mit allegorischen Mitteln an bestimmten Stellen die Dunkelheit, nicht die Klarheit der Schrift erklären, stellt Erasmus seine Auffassung von der Akkomodation entgegen: wegen unserer Schwachheit spreche die göttliche Weisheit in der Schrift zuweilen in übertragener Weise und passe sich unserem Fassungsvermögen und unseren Gefühlen an.[317]

Luther hatte Erasmus mit seinem brüsken Wahrheitsanspruch offenbar so abgeschreckt, dass er sich lieber der Autorität der Kirche mit ihrer Vätervielfalt anschließen wollte,[318] wobei er diese Väter für menschliche Zeugnisse hielt, nicht für solche, die der Schrift ebenbürtig seien, wie es Luther den Römern immer wieder vorgeworfen hatte. Schließlich zitiere Luther, obwohl er die Kirchenväter scharf als Autorität ablehne, selbst unentwegt aus Augustinus. Auch liege er falsch, wenn er meine, Augustinus stünde in der Frage der Willensfreiheit und der Prädestination völlig auf seiner Seite.[319] Wohl habe Augustin behauptet, Gott wirke das Gute und das Böse in uns und belohne *seine* guten und bestrafe seine bösen Werke in uns.[320] Aber an anderen Stellen habe er, ergänzt Erasmus 1526, klar einen freien Willen behauptet und diese Behauptung nie zurückgenommen.[321] Es ging in dem Streit über die Klarheit bzw.

---

[317] Vgl. Erasmus, Hyperaspistes (wie Anm. 125), 429.431.

[318] Vgl. a. a. O., 561.

[319] Vgl. ebd.

[320] Vgl. Erasmus, De libero (wie Anm. 232), 19.

[321] Vgl. Erasmus, Hyperaspistes (wie Anm. 125), 559.563, passim. Ist diese Referenz des Erasmus auf die Widersprüchlichkeit der Theologie Augustins ein

Dunkelheit der Schriftauslegung in starkem Maße auch um die Auslegungshoheit über Augustin, die inzwischen in politische und militärische Dimensionen eingeflossen war.

6.3 Luthers Entgegnung

Erasmus hatte Bibelstellen für und gegen den freien Willen zitiert und war am Ende zu dem Schluss gekommen, dass man keine klare Entscheidung fällen, sondern sich zurückhalten und hierin eine gemäßigte Position vertreten solle; das Urteil wollte er aber „anderen" lassen.[322] Auf Luther hingegen schien sein Vorwurf gegen einen frühen Gegner zu fallen, lediglich eine Stelle mit der anderen totschlagen zu wollen.[323] Erasmus unterstellte er, die Schrift wie die Sophisten mit vermeintlichen Widersprüchen und Dunkelheiten künstlich zu verfälschen, niemals sei dieser „Wahnsinn" bewiesen worden.[324] Am Ende fasste er zusammen, dass er gerade nicht verschiedene Meinungen vortragen, sondern „wirklich" und „in

---

Grund, dass Luther ihm nicht mehr antwortete? Schließlich berief er sich doch vor allem auf Augustin als maßgebliche Autorität.

[322] Vgl. Erasmus, De libero (wie Anm. 232), 157.195.

[323] Gegenüber Latomus, WA 8, 78. Zu diesem Urteil gelangt immerhin auch Holl, Bedeutung (wie Anm. 51), 433.

[324] WA 18, 606 (deutsch [wie Anm. 171], 235). Dass Luther schon 1520/21 gegenüber dem Papst die „selbständige Schrifterklärung" und die „Allgemeinverständlichkeit der Bibel" behauptet hatte, weil „auf erden kein klerer Buch geschrieben worden", hat auch Holl, Bedeutung (wie Anm. 51), 428, gesehen [Hervorhebungen getilgt]. Wie Holl aber zu dem Urteil gelangt, Luther habe, um seine „Sache" zu verteidigen, „auch seine eigene Zuständigkeit zur Auslegung der Bibel behaupten" müssen, bleibt indes ein Rätsel, das Holl gerade nicht damit erklärt, dass Luther denselben Geist beanspruche, der auch der Autor der Schrift gewesen sei. Holl greift zu dem wohl subjektphilosophisch gemeinten, aber eher solipsistisch anmuten-

der Tat" behaupten (assero) wolle. Dies stehe aber gerade nicht jedem frei, sondern er rate allen, Gehorsam (obsequium) zu leisten.[325] Er sei kein Skeptiker, solche Zurückhaltung sei für ihn unchristlich.[326]

Für Luther ist auch der Heilige Geist kein Skeptiker[327] – und die Schrift ist eindeutig und klar für ihn. Dieses Argument richtete Luther doppelt gegen diejenigen, die den Heiligen Geist auch außerhalb der Schrift wirken sehen, in Kirche, Tradition, als Offenbarung oder existentielle Erfahrung ohne Schrift. Nicht mit dem eigenen und nicht mit Hilfe eines vermeintlich von außen kommenden Geistes muss die Schrift erforscht werden – wer solches vorhat, dem hat das „mit unglaublicher Bosheit des Fürsten aller Dämonen in den Erdkreis selbst gesandte Gift" die Sinne vernebelt.[328] Nur mit dem inneren geistlichen Menschen und durch den öffentlichen Dienst im Wort (publicum ministerium in verbo) sowie durch das äußere Amt (officium externum) können die Geister beurteilt werden.[329]

---

den Argument, dass hier etwas „Unberechenbares, ein ‚Irrationales', ein ganz persönlich Empfundenes" eingreife (ebd.). Luthers Wahrheits- und Geistanspruch wird in diesem Gründungstext der Lutherrenaissance vollauf recht gegeben und gewissermaßen subjektphilosophisch zu modernisieren versucht.

[325] WA 18, 787 (deutsch [wie Anm. 171], 661). Die Übersetzung ist daher irreführend und scheint der Wiedergabe von „assertio" zu entsprechen, siehe oben Anm. 124. Der Terminus „Wahrheit" taucht bei Luther nicht auf, sondern: „Ego vero hoc libro NON CONTULI, SED ASSERUI, ET ASSERO, ac penes nullum volo esse iuducium, sed omnibus suadeo, ut praestent obsequium." [Hervorhebung im Original]

[326] WA 18, 603 f. (deutsch [wie Anm. 171], 227–231).

[327] WA 18, 605 (deutsch [wie Anm. 171], 233).

[328] WA 18, 653 (deutsch [wie Anm. 171], 325).

[329] WA 18, 653 (deutsch [wie Anm. 171], 325–327).

„So hat es Gott gefallen, dass er nicht ohne [das – FS] Wort, sondern durch das Wort den Geist austeilt",[330] konkretisiert und verschärft Luther noch einmal seine Ablehnung der ‚Schwärmer': kein Geist ohne Schriftwort, sondern *nur* in der Schrift. Und für die Erkenntnis der inneren Klarheit benötigt man denselben Geist,[331] der die Schrift als ein „einfältiger" Schreiber geschrieben hat.[332] Diesen Geist beansprucht Luther ausdrücklich für sich.[333]

Am Ende fasste Luther zusammen, was das Zentrum, der „Dreh- und Angelpunkt"[334] seines Schriftprinzips, seine innere Klarheit war: dass der Mensch allein durch Christi Blut erlöst werde und ohne Christus weder einen freien Willen noch göttliche Qualitäten besitze. Anderenfalls werde Christus überflüssig gemacht.[335] Es ist wohl diese Befürchtung, die Luther 1518 in Heidelberg öffentlich auf den Punkt gebracht hat[336] und die ihn jetzt dazu führt, mit großem Eifer zu betonen, dass darauf, und man muss ergänzen, auf *dieses*

---

330 WA 18, 695 (deutsch [wie Anm. 171], 430 f.): „Sic placitum est Deo, ut non sine verbo, sed per verbum tribuat spiritum [...]." Vgl. auch WA 31/1, 99,15-100,2: „Der [Herr] füllet mir mein hertz durch sein ewiges wort vnd geist mitten ynn der not das ich sie kaume füle, Denn wir mussen nicht wie die rotten geister vns furnemen, das vns Gott on mittel vnd on sein wort ym hertzen troste, Es gehet on eusserlich wort nicht zu, Welches der heilige geist wol weis ym hertzen zu erynnern vnd auffzublasen [...]." (Psalmenauslegung 1529/32)

331 WA 18, 609 (deutsch [wie Anm. 171], 239): „Denn der Geist wird erfordert zum Verständnis der ganzen Schrift und jedes ihrer Teile."

332 Siehe oben Anm. 186.

333 Vgl. WA 18, 601 (der Geist als Lehrer in unseren Büchern), 602 (Geist als Lehrer in „meinen" Schriften, deutsch [wie Anm. 171], 223.225).

334 Vgl. WA 18, 786 (deutsch [wie Anm. 171], 659: „cardo rerum" und „iugulum").

335 Vgl. WA 18, 786 (deutsch [wie Anm. 171], 657–659).

336 Siehe oben Anm. 293.

Verständnis des Kreuzestodes auch die gesamte Schrift hinauslaufe – mit einer völlig offen liegenden Klarheit, die keinen Widerspruch und keinen Einspruch verträgt.

In der Christozentrik dürfte der eigentliche Grund dafür gelegen haben, dass Luther jedesmal „bündig und unmißverständlich von Gotteslästerung"[337] sprach, wenn er das Gefühl hatte, dass die Schrift gegenüber anderen Instanzen relativiert wurde. Die Schrift in ihrer notwendigen Klarheit und Einheit diente als Argument, sie dürfte nicht Basis und auch nicht der eigentliche Gegenstand seines theologischen Denkens gewesen sein.

1535 notierte Luther in diesem Sinne, er wolle Christus notfalls auch gegen die Schrift stellen und neue Dekaloge machen wie Paulus, Petrus und Christus.[338] Luthers Ausgangspunkt ist nicht die Schrift, sondern *solus Christus* und *sola crux*.[339] Von hier aus behauptet er die Selbstauslegung der Schrift, nicht umgekehrt, wie es diejenigen sehen, die meinen, Luther sei durch die Schriftauslegung und durch sein persönliches Erleben zum Reformator geworden.[340]

Dazu kommen als entscheidende Punkte für Luther: Erst durch die Auferstehung ist die Schrift klar geworden. Seit der Stein vom Grab weggewälzt ist, sind die Siegel über der Schrift weggebrochen und es ist klar: 1. Der Sohn ist Mensch geworden, 2. Gott ist dreieinig, 3. Christus hat für uns gelitten und

---

337 Emanuel Hirsch: Das Gewissen und die Wahrheit, in: Ders.: Lutherstudien. Bd. 1, Waltrop 1998, 172–220, hier: 189.

338 Thesen de fide, 11.9.1535, WA 39/1, 47 f. (Thesen 49 und 53).

339 Vgl. in diesem Sinne auch Knuth, Schriftprinzip (wie Anm. 4), 158, der jedoch *solo verbo* hier wieder ergänzt – aus meiner Sicht unzutreffend, weil das *solo verbo* den anderen beiden sola klar nach- und untergeordnet ist.

340 Unter anderem im Anschluss an Karl Bauer Ebeling, Anfänge (wie Anm. 16), 176.178.216.230.

wird 4. herrschen in Ewigkeit.[341] Luther betrachtete nun die Trinitätslehre als schriftgemäß – entgegen früherer Äußerungen Emsers, Erasmus', Melanchthons und auch im Gegensatz zu seinen eigenen früheren Äußerungen. Wer diese klaren Inhalte der Schrift bestreite und sie für dunkel halte, wer zudem behaupte, der freie Wille hänge nicht mit Christus zusammen wie Erasmus, der ist nach Luthers Urteil kein Christ und habe den Geist in Luthers eigenen Schriften nicht erkannt;[342] bei dem gingen die Schwäche des Geistes und Satans Wirken Hand in Hand,[343] er sei nichts weniger als gottlos.[344]

Unklar ist für Luther nicht die Schrift, etwa wegen der „Majestät der Dinge" (maiestas rerum), unklar sind einzelne Vokabeln und grammatische Details; äußerlich sei gar nichts Unklares an der Schrift, man könne alle Dinge in ihr (scientia omnium rerum)[345] erkennen. Wer sich aber nach Luthers Auffassung für frei halte, verstehe die Schrift nicht, sondern liefere sich in der Welt des Satans selbst der dämonisch gewirkten Blindheit aus, der betrachte aus diesem Grund die Schrift als dunkel und halte Sonne für „alte Kohle"[346] – anders als die, die nicht durch ihre vermeintliche Freiheit, sondern durch den Geist Gottes getrieben werden.[347]

Der tiefe Graben besteht also in der Theologie, genau: beim freien Willen, der Prädestination und einer bestimmten Soteriologie, und erst danach in der Schriftlehre. Wo Erasmus

---

341 WA 18, 606 sowie 608 (deutsch [wie Anm. 171], 235.239).

342 WA 18, 608 f. (deutsch [wie Anm. 171], 239).

343 WA 18, 659 (deutsch [wie Anm. 171], 341).

344 WA 18, 604, sowie 606 (deutsch [wie Anm. 171], 229.235).

345 WA 18, 606 (deutsch [wie Anm. 171], 235).

346 WA 18, 659 (deutsch [wie Anm. 171], 235,341).

347 WA 18, 699 (deutsch [wie Anm. 171], 235,439).

die Schrift für uneindeutig hält, da erscheint Luther auch nur
der Verdacht einer effektiven Mitwirkung des Menschen an
seinem Heil als blasphemische Herabwürdigung des Kreu-
zesverdienstes Christi. Luthers Christozentrik ist anders poin-
tiert als die Christozentrik des Erasmus; sie ist organisch mit
der absolut alleingültigen Zurechnung des am Kreuz erwor-
benen Verdienstes verbunden, das in keiner Weise relativiert
werden darf.[348] Die Prädestination und die gänzliche Ablehnung eines von der Erbsünde verschont gebliebenen Willens
des Menschen zum Guten sind ihm nur die letzte Konsequenz dieser Rettung seines einschränkungslosen Verständ-
nisses des Kreuzestodes, das bestätigt er ausdrücklich in *De
servo arbitrio*: Die Allmacht Gottes und die Exklusivität des
Erlösungswerkes zwingen ihn zu der Annahme, dass alles,
auch das Heilsgeschehen für den Einzelnen, aus Notwendigkeit, aus unfehlbarem und unverändertem Ratschluss er-
folge: letzten Endes wirke Gott in uns das Gute und das Böse
aus „reiner Notwendigkeit" (merae necessitatis).[349] Dies, so
ergänzte Luther ausdrücklich, sei nicht nur aus der Schrift erkennbar, alle Menschen fänden und billigten, wenn auch un-
willig, diesen Gedanken in ihrem Herzen, so dass sie im
Grunde auch ohne Schriftzeugnis gezwungen seien anzuer-
kennen, nicht aus eigenem Willen, sondern aus Notwendigkeit gerecht zu werden.[350] An dieser Stelle verlässt Luther sein
eigenes Prinzip der Schriftzentrierung und ergreift ein Argu-

---

[348] Dies positioniert Luther gegen die von Erasmus rezipierten hermetisch-
kabbalistisch-neuplatonischen Ansätze der *philosophia christiana* etwa
Ficinos und Pico della Mirandolas, die am *sola gratia* keinen Zweifel lassen,
obwohl sie auch Erlösungsmöglichkeiten für Nichtchristen sehen, vgl. dazu insgesamt Stengel, Hermetismus (wie Anm. 148).

[349] WA 18, 667 (deutsch [wie Anm. 171], 359).

[350] WA 18, 719 (deutsch [wie Anm. 171], 489). Mit dieser Stelle scheint Luther

ment, das sich auf die Beschaffenheit des natürlichen Menschen bezieht: der natürliche Mensch erkennt sogar ohne Schrift die letztliche Alleinwirksamkeit des allmächtigen Gottes.

Für Erasmus ist es umgekehrt: Wer annimmt, dass Gott ein solches Geschöpf gemacht haben könne, das er mit ewigen Strafen oder ewigen Belohnungen für irdische Taten bedenkt, der stellt sich im Grunde einen grausamen Gott und nicht einen Menschen vor, den der gute und liebende Gott nach seinem Bild geschaffen habe.[351] Wer den freien Willen derart prinzipiell ablehne, der ziehe die „Heiligkeit des Lebens" (sanctimonia vitae) in Zweifel.[352] Ohne Christus gibt es kein Heil – auch bei Erasmus, aber auch nicht ohne die Mitwirkung des Menschen daran. „Ich billige die Meinung jener, die dem freien Willen einiges zuschreiben, aber der Gnade das meiste",[353] wirft Erasmus ein, und an anderer Stelle beruft er sich ausdrücklich auf Augustins Behauptung der mitwirkenden Gnade und der Willensfreiheit in *De libero arbitrio*.[354] Aber Luthers massive Lehre von der alleinigen Zurechnung im Rahmen der Satisfaktion eines Gottes, der sein Recht fordert, kann er nicht teilen und nicht aus der Schrift als klares Zeugnis ablesen.

---

auf Erasmus' Augustin-Bezug zu antworten, vgl. De libero (wie Anm. 232), 19; vgl. dazu auch Stengel, Hermetismus (wie Anm. 148), 72 f., sowie 46.

[351] Vgl. z. B. Erasmus, De libero (wie Anm. 232), 163–167.173–175.179: die Auffassung, Gott wirke das Böse und das Gute in uns, scheine Gott „ganz offen Grausamkeit und Ungerechtigkeit" zuzuschreiben; 181–183. Zur Gottesauffassung des Erasmus insgesamt vgl. Kohls, Erasmus (wie Anm. 209), 94–98.

[352] Erasmus, Hyperaspistes (wie Anm. 125), 566 f.

[353] Vgl. Erasmus, De libero (wie Anm. 232), 189, sowie 171–173.

[354] Erasmus, Hyperaspistes (wie Anm. 125), 563.

Allerdings führt Erasmus den Gedanken, wie dieses Heil erworben wird, anders aus als Luther. Er betont zwar das existentielle *Für uns*-Gestorbensein,[355] das zuweilen als ein besonderes Alleinstellungsmerkmal der existentiellen Schriftauslegung Luthers angesehen wird.[356] Auf der anderen Seite sieht er die Fähigkeiten des Menschen infolge der Erbsünde als geschwächt, jedoch nicht als gänzlich verdorben an.[357] Der Mensch hat sein Potential nicht verloren, so dass Christus für ihn *Archetypus pietatis* sein kann.[358] Aber in der Nachfolge der *regula Christi* ist die Soteriologie keinesfalls erschöpft.[359]

Nicht das Kreuz trennt Luther und Erasmus, sondern das Gewicht der Imputation und die Satisfaktion. Zwar finden sich seit dem *Enchiridion militis christiani* auch bei Erasmus Hinweise auf die Zurechnung, daneben werden aber andere soteriologische Akzente viel stärker betont: die Liebe, Hinwendung und Aufopferung Gottes im Kreuz, die Besiegung des Teufels und weltlicher Mächte, die *redemptio* und die Möglichkeit der *regeneratio*.[360] Im Anschluss an Nikolaus von Kues und Marsilio Ficino sind für Erasmus zudem die Auferstehung und der Auferstandene, der das ewige Leben erst möglich gemacht hat, zentral.[361] Schon bei Pico ist es zudem irreführend, ihm zu unterstellen, er lehre die Vergottung des

---

355 Vgl. Kohls, Erasmus (wie Anm. 209), 103 f.

356 So von Leppin, Luther (wie Anm. 104), 70 f., auch 83.

357 Vgl. Erasmus, De libero (wie Anm. 232), 183; Kohls, Erasmus (wie Anm. 209), 153.

358 Vgl. Kohls, Erasmus (wie Anm. 209), 102–115.

359 Vgl. a. a. O., 109–115.

360 Vgl. a. a. O., 105–107.

361 Vgl. Stengel, Krieg (wie Anm. 148), 88.102. Bei Kohls, Erasmus (wie Anm. 209) kommt dieser soteriologisch-eschatologische Aspekt bei Erasmus klar zu kurz. Hier aber scheint mir die entscheidende Differenz gegenüber der

Menschen ohne die Notwendigkeit göttlicher Gnade.[362] Luther betont hingegen den erbsündigen Menschen, dessen Wille nur geritten werden kann, der in radikaler Ausschließung aller Synergie und einzig durch Christi Kreuzestod selig werden kann.

Diese radikalen Ausschließungen sind für Erasmus nach seiner Schriftlektüre und dem ausführlichen Befund sich widersprechender Stellen für und gegen den freien Willen überspitzte Paradoxa. An solch theologisch heiklen Punkten wie dem freien Willen solle man aber gerade keine Paradoxa verwenden.[363] Gerade weil die Bibel *Heilige* Schrift sei, müsse man an den dunklen und widersprüchlichen Stellen aufhören zu forschen, aber auf keinen Fall den freien Willen aufgrund nur einiger Stellen beseitigen und wie Luther behaupten, in dieser Frage habe 1300 Jahre Unkenntnis geherrscht.[364] Erasmus suspendiert gewissermaßen das letzte Urteil in der Frage der Schriftauslegung – aus epistemologischen Gründen: der menschliche Verstand durchdringt die Schrift nicht,

---

satisfaktorischen, mit dem Gottesbild zusammenhängenden Imputationsauffassung Luthers zu liegen. Zu Cusanus vgl. z. B. Nikolaus von Kues: Cribratio Alkorani. Sichtung des Korans. Lateinisch-deutsch, hrsg. von Ludwig Hagemann und Reinhold Glei. Bd. 2, Hamburg 1990, (Buch 2) 53–71 (XVI–XVII); Bd. 3, Hamburg 1993, (Buch 3), 89–93 (XX); ders.: De pace fidei. Der Friede im Glauben, hrsg. und übers. von Rudolf Haubst, 3. Aufl. Trier 2003, 13.42 f.48 f.50–53.

[362] Vgl. Euler, Pia philosophia (wie Anm. 154), 108. Pico selbst hat sich wiederholt gegen die Unterstellung gewehrt, er widerspreche der Verehrung des Kreuzes. Zugleich hat er betont, dass das Aufgehen in Gott nur durch Gnade möglich sei, vgl. z. B. Giovanni Pico della Mirandola: Heptaplus [Auszug], in: Pico, Schriften (wie Anm. 156), 141–170, hier: 168 f.; ders.: Apologie, a. a. O., 225.

[363] Vgl. Erasmus, De libero (wie Anm. 232), 189.193.

[364] Vgl. a. a. O., 33–35.191–193.195.

und aus eschatologischen Gründen: die letzte Wahrheit kennt der wiederkehrende Herr. Bis dahin gelten Glaube und ein Leben in Nachfolge als „Streben und Versuchen" (studium et conatum).[365] Bis dahin zählen für Erasmus nicht unklärbare und widersprüchliche dogmatische Entscheidungen, sondern die klar erkennbare Lehre Christi in der Schrift, sie wirke Nachfolge.

6.4 ZWISCHENSTAND

Wie lässt sich das Ergebnis dieser Frontstellung zusammenfassen? Hinter dem Schriftprinzip steht *erstens* recht eigentlich Luthers Auffassung vom allein rechtfertigenden Kreuzestod Christi, die für ihn das Zentrum der gesamten Schrift als Gotteswort ist. *Zweitens* ist die innere Klarheit der Schrift zugleich dieses Zentrum. Sie wird *drittens* durch den Heiligen Geist vermittelt, den Luther für sich beansprucht, während Erasmus auf der Differenz zwischen göttlicher und menschlicher Vernunft beharrt und die Frage nach der Erkenntnis der einzigen Wahrheit, nicht aber die Wahrheitsfrage selbst, suspendiert.[366] Dahin gelangt Erasmus, weil er offenbar nicht behauptet, den Geist zu besitzen, sondern um Erkenntnis zu beten. *Viertens* verschärft Luther verbal, dass Gott den Geist nicht außerhalb der Schrift verleihe, also weder in persönlicher Erfahrung ohne Schrift, noch außerhalb der Kirche bei Juden, Türken und Heiden, wie Müntzer, Valentin Weigel, Sebastian Franck und viele Renaissancephilosophen es gesehen hatten.[367]

---

[365] Erasmus, Hyperaspistes (wie Anm. 125), 629.

[366] Stengel, Krieg (wie Anm. 148), 104.

[367] Vgl. Stengel, Krieg (wie Anm. 148), 98–103; Stengel, Hermetismus (wie Anm. 148), 38.40–44.

Fünftens muss und kann nach Luther die äußere Klarheit der Schrift jeder erkennen, der nicht satanisch vernebelt ist und der die Schrift richtig liest, und zwar grammatisch und literarisch in dem *einen* Sinn, der wiederum auf das *eine* Verständnis Christi und seines Verdienstes hinführt. Gerade hierin hat übrigens Gerhard Ebeling die entscheidende hermeneutische, allerdings von Faber Stapulensis übernommene Erkenntnis Luthers gesehen: dass der literarische Sinn der Schrift identisch sei mit dem prophetischen Sinn und zugleich mit dem mystischen Sinn übereinstimme. Schon nach Thomas von Aquin sei der *sensus spiritualis* eines Textes im Grunde dasjenige, was der Autor dem Text intendiere. Da nun aber Autor der Heiligen Schrift der Heilige Geist sei, decke sich der geistige Sinn mit dem Heiligen Geist. Von Faber habe Luther nun eben diese Auffassung übernommen, dass nämlich der intendierte Sinn der Schrift mit dem *sensus literalis* in eins falle.[368]

EXKURS: AUTOR – LESER – ÜBERSETZUNG – KONTEXT

Gegenüber dieser Auffassung Luthers – und Fabers – könnte aus heutiger Perspektive eingewandt werden, dass ein Text niemals unabhängig von der Intention des Lesers oder Interpreten und des ihn bestimmenden Kontextes übersetzt, übertragen oder erklärt werden kann und dass bei einer Übersetzung weder ein Abbild noch ein Original hergestellt wird.[369]

---

[368] Vgl. Ebeling, Anfänge (wie Anm. 16), 184.215 f.220.221 („Der sensus literalis propheticus ist der sensus mysthicus des sensus literalis historicus."). Für Faber falle der vierfache Schriftsinn wegen des sensus propheticus dahin, für Luther sei der sensus literalis propheticus Basis des vierfachen Schriftsinns (222).

[369] Vgl. Jacques Derrida: Babylonische Türme. Wege, Umwege, Abwege, in:

Dass die Wirkungsgeschichte unser Textverständnis bestimme, wie unter Berufung auf Hans-Georg Gadamer vielfach betont wird,[370] ist in diesem Sinne zu kurz gegriffen. Es sind die jeweiligen Kontexte, in denen die Texte gelesen werden; sie bestimmen die Art ihrer Rezeption und, genau genommen, die Rezeption ihrer Wirkungsgeschichte. Die Wirkung der Texte besteht in ihrer Rezeption am konkreten historischen Ort. Zugleich bleibt die Intention des Autors insofern verborgen, als ein Kontext, der für die Rekonstruktion einer solchen ursprünglichen Intention hergestellt werden müsste, von den jeweils gegenwärtigen Kontexten nicht getrennt werden kann. Eine einheitliche Intention der Heiligen Schrift ließe sich dann behaupten, wenn trotz der Historizität ihrer Autoren, Redakteure und des Kanons der Heilige Geist selbst als Urheber dieser Intention angesehen wird. Den histo-

---

Ders.: Übersetzung und Dekonstruktion, hrsg. von Alfred Hirsch, Frankfurt am Main 1997, 119–165, hier: 145. Derrida hat insbesondere auf die Unübersetzbarkeit des heiligen Textes hingewiesen. Während Sprache einerseits im Wachsen sei und nach Übersetzung dränge, stehe das Erfordernis ihrer Übersetzung der Übersetzung als Aufgabe selbst im Wege, weil dadurch ein zusätzlicher und neuer Sinn hineingeschrieben werden müsse. Damit ist nicht die Heiligkeit von Texten bestritten, sondern deren Übersetzung: „Die Interlinearversion des heiligen Textes ist das Urbild oder Ideal aller Übersetzung." (163) „Babel" steht als „Eigenname" für die Einheit von Sprachlichkeit und Sinn (162). Zugleich ist „Babel" aber Herkunftsort der Sprache als ein nicht ohne Aufgabe, also zusätzliche Investionen, des Übersetzers übersetzbarer Ursprung. Schon im Ursprung liegt gewissermaßen die Zerstreuung.

[370] So Luz, Sola scriptura (wie Anm. 10), 30. Auch Luz' literaturwissenschaftlich inspirierter Hinweis auf den Leser, der anstelle des Autors den Text bestimme, greift an dieser Stelle zu kurz, weil der Kontext des Lesers und damit seine singuläre Historizität zu wenig berücksichtigt und dem Subjekt eine Vorrangstellung gegenüber dem Kontext zugeschrieben wäre, in dem es liest.

rischen bzw. literalen Sinn zugleich mit dieser Intention zu identifizieren, wäre eine Frage, die allerdings die Möglichkeiten historisch-kritischer Exegese übersteigen dürfte, aber auf der Ebene des Fürwahrhaltens natürlich beantwortet werden könnte – und im Übrigen durchaus eindeutig und zugleich vielstimmig beantwortet wird.

Der Vorwurf, die erfahrungsbezogene heutige und frühere Exegese finde letztlich in der Bibel dasjenige vor, was sie aus anderer Quelle schon wisse, wäre in diesem Sinne ernstzunehmen.[371] Denn dies von vornherein auszuschließen leuchtet schon deshalb nicht ein, weil voraussetzungsloses Lesen in einem nicht-historischen und damit nicht-konkreten und also abstrakten Raum ebensowenig möglich ist wie die gleichsam solipsistische Zwiesprache zwischen einem autonomen und diskursunabhängigen Subjekt und der Heiligen Schrift als einem trotz mannigfaltiger Autorenschaft und Kanonbildung ebenso diskursabhängigen Textsubjekt.

Als Herausforderung ergäbe sich einerseits, die theologischen und nichttheologischen Voraussetzungen der eigenen Exegese offenzulegen, die entweder zur Privilegierung oder zur Marginalisierung biblischer Theologien führen. Dies bedeutete zugleich, die historischen und theologisch-politischen Positionen transparent zu machen, die zu derartigen Selektionen führen. Es wäre außerdem eine Frage der Aufrichtigkeit, einzugestehen, dass die jeweils sehr konkreten Privilegierungen und Marginalisierungen immer nur Möglichkeiten unter anderen sein können, aber kaum nachvollziehbar mit dem Anspruch zu verbinden sind, allein schrift- und geistgemäß zu sein. Dies ließe sich wie im Falle Luthers

---

371 Vgl. Knuth, Schriftprinzip (wie Anm. 4), 161.

nur bei gleichzeitiger Inanspruchnahme des Geistes beschreiben, der Autor und Interpret zugleich wäre.

Dass nicht der Leser die Schrift, sondern die Schrift den Leser auslege,[372] bleibt eine zentrale Aussage und Herausforderung für christliche Theologie, die die Schrift eben nicht nur als Text, sondern als *Heilige* Schrift begreift; worin diese Heiligkeit genau besteht, wäre ein Diskussionsgegenstand, zu dem dieser Beitrag eine historische Erinnerung geben will. Die Frage nach dem Verhältnis zwischen Schrift und Geist wäre dennoch davon abzutrennen und nicht wie Luther in seiner Abgrenzung von den ‚Schwärmern‘ durch ein wie immer auch begründetes Schriftprinzip einfach zu erledigen.[373]

Aus der Perspektive der Erforschung der Frühen Neuzeit wäre zudem einzuwenden, dass Luthers Vorstellung des *sensus propheticus* wie ein modifiziertes Alternativ- oder Gegenmodell zu Reuchlins kabbalistischem Ansatz erscheint. Denn Reuchlin erblickt den prophetischen Christussinn unterhalb oder als Kern und damit als eigentliche Bedeutung des *literalen* Schriftsinns, während Luther den prophetischen Sinn mit dem literalen Schriftsinn identifiziert. Die damalige kabbalistische Buchstabenmystik ist Luther fremd.

---

[372] So ebd.

[373] Knuths Vorschlag schließt sich auch an diesem Punkt sehr eng Luther an: die Geistfrage ist durch die Schriftfrage erledigt, sie kommt als eigenständige Frage bei ihm nicht vor; vgl. Knuth, Schriftprinzip (wie Anm. 4), 161.

7. Auswertung

Es steht außer Frage, dass die umstrittene Position der Bibel im zeitgenössischen Kontext der reformatorischen Bewegung in verschiedener Hinsicht noch im Blick auf weitere theologische Fragen ausgeleuchtet werden könnte und sollte. Insbesondere dürfte das Verhältnis zwischen Gesetz und Evangelium, das Luther seit etwa 1521 zunehmend ins Zentrum seiner Schriftauslegung rückte, hier mit einzubeziehen sein. Dieses Verhältnis wäre insbesondere daraufhin zu untersuchen, inwieweit sich Luthers Verhältnisbestimmung zu seinen Positionen in der Schriftfrage verhielt, die er gegenüber Emser, den ,Schwärmern' und dann Erasmus bezogen hatte. Dies betrifft aber auch Luthers Schriftverständnis gegenüber der schweizerischen und oberdeutschen Abendmahlsauffassung, das vor allem in seinem Bekenntnis „Vom Abendmahl Christi" (1528) dargelegt ist. Auch im Falle Melanchthons wären Modifikationen im Schriftverständnis und in der Pneumatologie aufgrund seiner Erfahrungen mit den Visitationen und der Auseinandersetzung mit Johann Agricola noch weiter zu verfolgen. Und natürlich wären noch die Schriftauffassungen der schweizerischen Reformatoren einzubeziehen.

In dieser Untersuchung habe ich mich zunächst auf die zentralen Debatten konzentriert, die bis in die 1520er Jahre in der reformatorischen Bewegung zur Stellung der Bibel geführt worden sind. Folgende Punkte möchte ich am Ende festhalten:

Luthers Schriftprinzip ist keine in sich geschlossene Lehre, sondern ein sich auf die Schrift berufendes Argument, das als Behauptung (assertio) von göttlich durch die Schrift abgesicherter Wahrheit auftritt. Dieses Argumentieren erweist sich bei näherer Betrachtung einerseits jedoch als autoritative Absicherung einer bestimmten Theologie durch die Behauptung von Schrift-, Wahrheits- und Gott-Gemäßheit. Es ist andererseits gegen jeweils neue Fronten gerichtet und dadurch streng kontextuell. Es wird in den drei hier geschilderten historischen Durchgängen gezielt an drei Hauptfronten eingesetzt und dabei jeweils neu ausgerichtet.

Im *ersten* Durchgang, markiert durch die Emser-Debatte, wird die Schrift als theonome Autorität geradezu anarchistisch gegen kirchliche Autoritäten[374] und insbesondere gegen das Papstamt gerichtet, dem Luther unterstellt, eine Alleinherrschaft in der Lehre besitzen zu wollen, die in extremen ‚papalistischen' Kreisen zwar gefordert worden ist, aber weder den Tatsachen entsprach noch überhaupt Konsens im ekklesiologischen Diskurs war.

Streitfeld dieses ersten Durchgangs sind die Buß- und Ablasslehre. Die Schrift ist Autorität als *Gegen*autorität, weil und indem Luther behauptet, dass Schrifttext, Schriftauslegung und Schrifturheber identisch sind. So wird eigentlich der Heilige Geist gegen den Papst gestellt. In diesem ersten Konflikt wird das Schriftprinzip politisch und militärisch aufgeladen; es wird eine Waffe gegen Rom in „Pfaffenhass und

---

[374] So beschreibt auch Bagchi, Opponents (wie Anm. 92), 91, Luthers Anti-Autoritarismus („anti-authorianism"). Durch die Zurückweisung des geistinspirierten Konsenses und durch die Unterscheidung zwischen Wort Gottes und bloß menschlichen Worten habe er den Weg für das private – und dann öffentliche Urteilsvermögen – geöffnet, um eine „doctrinal anarchy" einzuleiten. Gerade der Zusammenhang auch zur sozialen Anarchie habe Luthers theologische Gegner in der Folgezeit beschäftigt, vgl. auch oben Anm. 258.

groß Geschrei",[375] wie der gemeinsame Nenner der frühen reformatorischen Bewegung treffend auf den Punkt gebracht ist: als Antiklerikalismus. Es wäre eine schwer beweisbare Verkürzung, zu behaupten, hinter der Glaubensfrage habe eigentlich oder gar nur die Machtfrage gestanden; von der Hand lässt sich dieser Zusammenhang aber ebensowenig weisen. Die Bibel wurde eben auch zu einer Waffe in der Auseinandersetzung zwischen Römern, Fürsten, Bauern, Städten.[376]

Das Schriftprinzip ist zudem gegen die Behauptung gerichtet, der Heilige Geist wirke auch unabhängig von der Schrift in Kirche sowie in mündlicher und schriftlicher Tradition. Es gehört zu den Folgen der Auseinandersetzung um Luther und eben auch um das gegen die römische Kirche und mit pneumatischer Vollmacht gerichtete Schriftargument, dass das Tridentinum die ‚papalistische' Strömung privilegierte und dogmatisierte, die am Beginn des Konflikts von Prierias und Cajetan vertreten worden war.[377]

Der innerkirchliche Pluralismus wurde bereits in der 4. Sitzung klar begrenzt, wobei Luthers Position als Negativfolie sichtbar ist. Dass die Dogmatisierung der Vulgata einschließlich der Apokryphen sich gegen Luthers am masoretischen Text orientierte Bibel richtete, ist der eine Punkt. Ein weiterer bestand in der ausdrücklich an die Drucker

375 Vgl. Hans-Jürgen Goertz: „Pfaffenhaß und groß Geschrei". Die reformatorischen Bewegungen in Deutschland 1517–1529, München 1987.

376 So Adolf Laube: „Die Bibel allein" oder „Die Kirche hat immer Recht". Der Streit um Luthers Schriftprinzip und dessen soziale Folgen, in: Sitzungsberichte der Leibniz-Sozietät 35 (1999), Heft 8, 5–30, hier: 9 f., passim, u. a. mit der Erinnerung an Friedrich Engels' historische Würdigung Luthers: Sein Hauptverdienst sei es gewesen, den Plebejern mit der Bibel ein mächtiges Werkzeug in die Hand gegeben zu haben.

377 Bei gleichzeitiger Betonung starker Parallelen zwischen Thomas von Aquin und Luther hat die nachtridentinische Vereinnahmung Thomas'

gerichteten Aufforderung, diese alte Vulgata-Ausgabe (ipsa vetus et Vulgata editio) „so fehlerfrei wie möglich"[378] zu drucken. Sie könnte sich möglicherweise auf die von Hieronymus Emser vorgetragenen Angriffe auf Luthers Übersetzungswerk bezogen haben, das aus Emsers Sicht vor allem von theologischen Vorentscheidungen mitgeprägt war. Der dritte Punkt bestand in dem Verbot, Bücher über heilige Dinge (rebus sacris) anonym zu drucken, drucken zu lassen oder zu verkaufen. Aber schon zuvor war die Autorität der *sancta mater Ecclesiae* über die Schrift mit Nachdruck betont worden: niemandem solle es erlaubt sein, in Glaubens-, Sitten- und Lehrfragen die Schrift nach eigener Klugheit (prudentia) zu verdrehen und sie zugleich gegen den durch die Kirche festgelegten Sinn (sensus) und gegen die einmütige Übereinstimmung (unanimus consensus) der Väter auszulegen – weder als gedrucktes noch als ungedruckes Werk. Es sei Aufgabe der Kirche, über den *sensus* und zugleich über die *interpretatio* der Heiligen Schriften (im Plural!) zu urteilen.[379] Die Kirchenautorität wird damit zum entscheidenden Maßstab der Auslegung. Dass es mehr als nur einen Sinn des Schriftwortes gibt, wird zugestanden. Aber die Debatte darüber wird verboten. Sie wird unter die Autorität gestellt und der Öffentlichkeit entzogen. In dieser autoritären Zementierung dürfte eine der entscheidenden Reaktionen am Beginn des sogenannten konfessionellen Zeitalters zu sehen sein. Es fällt schwer, der Deutung zu folgen, in Trient sei es nicht darum gegangen, die Autorität der Schrift durch das Traditionsprinzip zu beschneiden, sondern nur das Potential zu reduzieren, die Schrift gegen die in kirchliche Autorität und die von ihr „sanktionierte" Praxis ins Feld zu führen.[380] Für den ersten Durchgang bleibt als Ergebnis die gegeneinander ins Feld geführte Errichtung und Versteinerung von Autoritätsprinzipien festzuhalten.

---

zur Bindung der Schriftauslegung an das Lehramt kritisiert: Stephan H. Pfürtner: Das reformatorische ‚Sola scriptura' – theologischer Auslegungsgrund des Thomas von Aquin?, in: Carl-Heinz Ratschow (Hrsg.): Sola scriptura. Ringvorlesung der Theologischen Fakultät der Philipps-Universität, Marburg 1977, 48–80, hier: 69.

[378] DH 1508.

[379] DH 1507.

[380] So Wenz, Sola scriptura (wie Anm. 95), 544.

Im *zweiten* Durchgang, der in der Auseinandersetzung mit den ‚Schwärmern‘, insbesondere mit Müntzer, gipfelt, ist Luthers *sola scriptura* ein ‚Ordnungsvehikel‘. Gott, Christus, Geist und Weltordnung werden an die Schrift gebunden. Schrift und Auslegung sind identisch, aber der Geist wird gewissermaßen an die Schrift angekettet. Wer die Schrift nur als einen Teil der göttlichen Offenbarung betrachtet, betreibt Schriftumsturz, Ordnungsumsturz und Weltumsturz. Als solches erweist sich ein diabolisches Werk, wie es die Verdammung im 5. Artikel der *Confessio Augustana* und Luther selbst im Artikel über die Buße in den *Schmalkaldischen Artikeln* unterstreichen.

Kein einziger Autor unter Luthers Anhängern und unter seinen Kritikern hat die Göttlichkeit oder Heiligkeit der Heiligen Schrift bestritten oder sie als rein säkulares Buch betrachtet, das nur von menschlichen Autoren geschrieben und als solches zu lesen sei. Aber keiner außer Luther hat behauptet, der Geist wirke nicht ohne die Schrift. Eine solch radikale Ausschließung haben weder ‚Römer‘ noch ‚Schwärmer‘ und schon gar nicht der pazifistische Christozentriker Erasmus vorgenommen. Sie ist mit Luthers Zurückweisung der von den so genannten Schwärmern angeblich erhobenen Behauptung verbunden, im Geistbesitz zu sein oder den Geistbesitz über die Schrift hinaus zu fordern. Luther hält dem selbst die Behauptung (*assertio*) entgegen, im Besitz des Geistes zu sein, der Urheber und zugleich Interpret der Schrift sei. Während er den ‚Schwärmern‘ unterstellt, übersinnliche, in Wirklichkeit diabolisch gewirkte Offenbarungen zu haben, lässt er als einzig denkbaren Geistbesitz den nur in und mit der Schrift wirkenden Geist gelten. Offenbarungen sind ihm wenigstens tendenziell satanischen Ursprungs. In bestimmten eng an Luther anschließenden Kreisen ist im Anschluss an diese Auseinandersetzung ein pneumatologisches Defizit entstanden.

Mit dieser Frontstellung ist noch ein anderer Zusammenhang verbunden: Wer nur einen einzigen Sinn behauptet, der auch noch erkennbar wäre, behauptet eben auch, die Wahrheit zu kennen und den Geist zu besitzen. Daran sei auch im Blick darauf erinnert, dass Luther diesen einen Sinn eben nur behauptet, aber schon nach den Erkenntnissen von Ebeling und anderen Interpreten selbst nicht durchgehalten hat. Dies gilt insbesondere für das Alte Testament. Während der christlich-kabbalistische Ansatz über die Auslegung nach dem inneren Schriftsinn die christliche Umdeutung des *Buchstabengehalts* mit dem Ziel der Judenmission vornahm, wendete Luther die typologisch-prophetische Deutung des Alten Testaments auf Christus hin an. Buchstabensinn und prophetischer Sinn sind bei ihm identisch.

Dabei sind sich Luther und seine Zeitgenossen offenbar im Klaren darüber, dass der Kanon beider Testamente zusammengestellt worden ist. Luther will am liebsten Esther,[381] die Johannesoffenbarung oder den Jakobusbrief aus dem Kanon ausschließen, Letzteren möchte er später sogar den Flammen übergeben.[382] Umgekehrt wirft er Erasmus vor, das Hohelied und die Sprüche zu verlachen.[383] Erasmus zweifelt Entscheidungen bei der Kanonisierung durch die „Hebräer" und dann durch Luther im Blick auf das Buch Sirach an.[384] Diese Sicht auf den Kanon vertreten abweichend beide, obwohl sie an die

---

[381] Vgl. Erasmus, Hyperaspistes (wie Anm. 125), 663.

[382] „Jch wil schier den Jeckel in den offen werffen wie der pfaff vom Kalenberg." WA 39/2, 199,24 f. (1542, Referenz auf einen Pfarrer, der beim Besuch einer Herzogin mit hölzernen Apostelstatuen heizte, vgl. Anm., ebd.).

[383] Vgl. Luther, De servo arbitrio (wie Anm. 171), (deutsch) 537.

[384] Vgl. Erasmus, Hyperaspistes (wie Anm. 125), 663.

Göttlichkeit der Bibel glauben, ohne zu einer Inspirations-
auffassung zu gelangen, die explizit auf ein verbales Diktat
durch den heiligen Geist hinausliefe.

Es ist nicht zu übersehen, dass die Debatte über die Bibli-
zität und Kanonizität einzelner Schriften auch mit den dif-
ferierenden theologischen Vorentscheidungen zusammen-
hing. Als Johann Eck bei der Leipziger Disputation auf 2Makk
12,45 f.[385] verwies, um das Fegefeuer biblisch abzusichern,
lehnte Luther die Makkabäerbücher als apokryph ab, weil sie
nicht zum biblischen [masoretischen – FS] Kanon gehörten.
Eck erkannte es ebenfalls an, dass die beiden Bücher ursprünglich nicht zum hebräischen Kanon gehörten, er argumentierte allerdings mit ihrer Integration in den Kanon
durch die Kirche.[386] Ebenso argumentierte auch Heinrich
VIII. in seiner prominenten Schrift gegen Luthers Sakramentslehre in der *Babylonischen Gefangenschaft der Kirche*.
Luther hatte sich gegen den Schriftbeleg für die Letzte Ölung
in Jak 5,14 f.[387] gewandt und dies auch mit seinem Zweifel an
der Kanonizität des Jakobusbriefes begründet. Heinrich hatte
demgegenüber geltend gemacht, dass die Zweifel an der Ver-
fasserschaft durch die Kanonisierung ja gerade aufgehoben

---

[385] „Denn wo er nicht gehoffet hette, das die, so erschlagen waren, wuerden
aufferstehen, were es vergeblich vnd eine torheit gewest, fur die todten zu
bitten, Weil er aber bedacht, das die, so im rechten glauben sterben, freude
vnd seligkeit zu hoffen haben, ist es eine gute vnd heilige meinung gewest,
Darumb hat er auch fur diese todten gebeten, das jnen die sunde vergeben
wuerde." WA.DB 12, 476 (abweichende Verszählung).

[386] Vgl. Mühlenberg, Scriptura (wie Anm. 234), 123.

[387] „Jst ymand kranck? der ruffe zu sich die Elltisten von der gemeyne, vnd las
sie vber sich beten, vnd salben mit ole ynn dem namen des herrn, vnnd das
gepett des glawbens wirt dem krancken helffen, vnnd der herre wirt yhn
auff richten, vnd so er hat sunde than, werden sie yhm vergeben seyn."
WA.DB 7, 398.

worden seien. Und Luthers Einwand gegen die Sakramentali-
tät von Firmung und Ehe wegen des fehlenden Schriftbelegs
konterte der König von England mit dem Hinweis auf die
mündliche Überlieferung durch die Apostel, die in der Kirche
aufbewahrt würde – denn nicht alle Verordnungen Christi
seien in die Bücher aufgenommen worden.[388] Johann Eck be-
kräftigte 1525 seine von Erasmus und Heinrich VIII. geteilte
Position: Christus selbst habe nicht geschrieben, sondern die
Apostel hätten seine Botschaft in ihren Herzen getragen.
Demzufolge sei die Kirche älter als die Schrift und habe
schließlich über den Kanon entschieden. „Ohne die Autorität" sei demzufolge „keine Schrift gültig und echt", und Eck
referierte dabei ausgerechnet Luthers Hauptgewährsautor
Augustinus: „Dem Evangelium würde ich nicht glauben,
wenn mich die Autorität der Kirche nicht dazu bewegte."[389]
Luthers Zweifel oder Ablehnung gegenüber der Kanonizität
der Apokryphen und einzelner neutestamentlicher Schriften
überschnitt sich einerseits mit seiner Kritik an der kirchlichen Sakramentslehre, so dass der Eindruck entsteht, seine
Sakramentslehre habe – insbesondere im Blick auf die Kritik
an den neutestamentlichen Texten – eben auch seine Kanon-
und Schriftlehre gesteuert.

> Umgekehrt unterstrich das Tridentinum am 4. April 1546, ein paar
> Wochen nach Luthers Tod, dass dem Altem und dem Neuem Testa-
> ment sowie den wörtlich von Christus und vom heiligen Geist dik-
> tierten und in der Kirche bewahrten *traditiones* mit der gleichen

---

388 Assertio septem sacramentorum adversus Martin. Lutherum, aedita ab
invictissimo Angliae et Franciae rege, et do. Hyberniae Henrico eius nomi-
nis octavo [London 1521]; vgl. Mühlenberg, Scriptura (wie Anm. 234), 129 f.

389 Johann Eck: Enchiridion locorum communium adversus Lutheranos. [ver-
schiedene Druckorte und Aufl. ab 1525]; Nachweise bei Mühlenberg, Scriptura (wie Anm. 234), 136.

Ehrfurcht begegnet werden solle, weil der eine Gott Urheber beider
Testamente sei. Zugleich wurde allein die Vulgata für Lesungen, Dis-
putationen, Predigten und Auslegungen zugelassen; zudem wurden
auch alle einzelnen Schriften einschließlich der Apokryphen namentlich aufgezählt[390] – ein Kontrapunkt gegen den masoretischen Text
und Luther zugleich. Immerhin verzichteten die lutherischen Bekenntnisschriften, auch die Konkordienformel, auffälligerweise auf
eine solche Liste – im Gegensatz zum Glaubensbekenntnis der Huge-
notten, der *Confessio Gallicana* oder *Confession de Foy* von 1559.[391]
Denn während die Lutheraner die Frage der Kanonizität der einzelnen
Schriften nicht berührten und damit einen Konfliktherd gegenüber
der seit Trient bestehenden römisch-katholischen Konfessionskirche
offenbar zu ignorieren versuchten, gingen die französischen Konfes-
soren in Reaktion auf Trient auf Konfrontation. Während Artikel 3
eine Liste der kanonischen Schriften ohne Apokryphen enthielt, wurde in Artikel 4 ausdrücklich nicht die „Übereinstimmung und Zu-
stimmung" der Kirche, sondern das „Zeugnis und die innere Ver-
sicherung des Heiligen Geistes" als Gewähr dieser Richtschnur des
Glaubens festgeschrieben. Damit ist der Kanon selbst, unabhängig
von allen zeitgenössischen Debatten und Zweifeln, „nicht nur quali-
tativ, sondern auch quantitativ als Werk des Hl. Geistes sanktio-
niert"[392] – und eben gerade nicht der Kirche, wie Theologen entweder
aus dogmatischen oder aus historischen Gründen geltend gemacht
hatten.

Im Grunde wird erst im Streit mit Erasmus, im *dritten*
Durchgang, die Frage nach der Konsistenz der Schrift und des
Schriftprinzips gestellt. Sie wird von Luther auf der Ebene einer *assertio* beantwortet – nämlich als Behauptung einer doppelten Klarheit, die auf ein einziges Zentrum hinausläuft: den
Christus, der am Kreuz für die Rechtfertigung des erbsündigen, in Fragen des Heils gänzlich unfreien Menschen gestor-

---

DH (wie Anm. 45), 1502 f.1506–1508. Die Anerkennung der Apokryphen
durch die Protestanten empfiehlt Wenz, Schriftprinzip (wie Anm. 45), 312.
391 Vgl. Wenz, Sola scriptura (wie Anm. 95), 540.
392 Vgl. a. a. O., 552.

ben ist. Darin kulminieren die Behauptung und die Erklärung der Konsistenz von Schrift und Schriftprinzip. Widersprüche und Dunkelheiten fallen dahin oder werden zur Ne-
bensache, weil es im Kern um dieses Zentrum geht, das von
einer großen Zahl der seit Mitte des 19. Jahrhunderts so genannten Humanisten[393] mit verschiedener Akzentuierung
bestritten worden ist: Erasmianer, neuplatonische, herme-
tische und christlich-kabbalistische Theologen behaupteten
die Synergie eines im Grunde frei gebliebenen Menschen, der
darin klar gottebenbildlich ist. Sie appellierten an die Kapazi-
täten und Kompetenzen, nicht an die Verderbtheit des Men-
schengeschlechts.

Hier wäre das dritte Feld des Schriftprinzips zu identifizieren: Anthropologie und Soteriologie. Mit seiner Betonung,
dass *solus Christus, sola crux* und *solo verbo* engstens zusam-
mengehören, kommt Hans Christian Knuth dem Zentrum
von Luthers Schriftlehre und seiner gesamten Theologie wohl
am nächsten. Allerdings wäre Knuth insofern zu ergänzen, als
die Zentralstellung des Kreuzes eng mit Luthers radikal
anti(semi)pelagianischer Soteriologie, mit seiner unüberseh-
baren Teufelslehre und mit seiner Anthropologie eines nicht
nur in Heilsfragen unfreien Menschen zusammenhängt.[394]
Diesen Zusammenhang behauptet Luther *erstens* aus der
Konsistenz der Schrift als innersten göttlichen Kern erkannt
zu haben, der alle abweichenden biblischen Anthropologien

---

393 Vgl. oben Anm. 292.

394 Es ist in diesem Sinne auch nicht damit getan, den *sensus crucis* durch eine
„Engführung" auf das Kreuz und die Kreuzigung, nämlich der „eigenen
Vorurteile gegenüber der Schrift, Abtöten der Besserwisserei [und] das
Hören im Unterschied zum Analysieren", zu erklären und dadurch auf die
kognitive Seite zu beschränken. Vgl. Knuth, Schriftprinzip (wie Anm. 4),
161.

und Soteriologien nivelliere. Diesen Zusammenhang behauptet Luther *zweitens*, indem er zugleich beansprucht, ihn nach der inneren und äußeren Klarheit der Schrift erkannt zu haben, und *drittens*, weil er seine Erkenntnis dieses Kerns und Zusammenhangs auf den Heiligen Geist zurückführt, der zugleich Autor der Schrift ist. Luthers Schriftlehre ist darum nicht einfach christo- oder cruzizentrisch, denn diese beiden Zentrierungen haben nicht-relativierbare anthropologische Konsequenzen.

8. Ausblick

Was kann eine solche historische Erinnerung zeigen? Die Kontexte von Luthers Schriftargumentation sind konkret, speziell, einmalig. Diese Argumentation schließt konkret andere Positionen aus und hält die Schrift als heiliges Buch mit einem einzigen Zentrum hoch. Ihre Inkonsistenzen erscheinen wegen und infolge ihrer konkreten Kontexte als Inkonsequenzen, die Luther durch die Behauptung eigenen und der Argumentation entzogenen Geistbesitzes zu begradigen versucht. Weil Luthers Argumentation aber auf Erkennbarkeit hinausläuft, auf die Mission durch den mit der Schrift wirkenden Geist, ist sie mit Wahrheitsansprüchen verbunden, mit dem Anspruch auf wahre Erkenntnis, die durch den in der Schrift enthaltenen Geist sakrosankt abgesichert ist. Dieser sakrosankten Erkenntnis liegt allerdings ein ganz bestimmtes Menschen- und Christusverständnis zugrunde, das durch die Behauptung des Geistbesitzes substantiell gegen kritische Fragen immunisiert wird. Dies sei im Blick auf Ulrich Luz' eingangs erwähnte Erinnerung geltend gemacht, dass uns auch im Neuen Testament keine in sich geschlossene Christusrepräsentation entgegentritt.

Wenn man die Fronten aufsucht, zwischen denen die Schrifthoheit behauptet worden ist, die bis zu den aktuellen konfessionellen Identifizierungsprozessen immer wieder zitiert oder auch generiert wird, dann werden auch die Ebenen seiner Verluste und Einbußen deutlich: Geist, Kirche, Tradition, Vernunft, eine gegenüber Gott scharf differente Ebenbildlichkeit von Mensch, Schrift und Welt.

Ferner hat es nach Ansicht der zeitgenössischen Kombattanten Luthers schon damals an der Konsistenz und Plausibilität des Schriftprinzips gemangelt, weil sie die mit dem Insistieren auf Schriftautorität daherkommende antipelagianische Soteriologie und Anthropologie nicht als einzige Auslegungsperspektive anerkannten.

Wenn das Schriftargument trotz seiner Kontextualität und seinen konkreten Fronten herausgelöst, isoliert und schließlich aus ihm ein Universalitätsanspruch abgeleitet wird, dann ist es unumgänglich, dass die konkreten, historischen Gegenpositionen immer wieder fortgeschrieben werden müssen. Zugleich ergeben sich zwangsläufig Kollisionen mit den jeweils aktuellen Kontexten. Alte Fronten werden mit neuen vermischt, schwer auflösbare Konflikte entstehen gegenüber Kanonkritik, Textkritik und modernen hermeneutischen Ansätzen. Zugleich kann die Apologie eines im historisch-konkreten Kontext generierten und streng auf diesen Kontext bezogenen Arguments als ein sich nur historisch gebender Reflex gegen uneinholbar vergangene Positionen eingesetzt werden. Dies kann das Szenarium permanenter Wiederholungen konfessioneller Identitäten mit ihren sich selbst abschließenden und invarianten Grenzen nach sich ziehen.

Dass das *sola scriptura*, wie Gerhard Sauter feststellt, sich „als Alternative zur Letztberufung auf die Kirche (sola ecclesia), auf das eigene Gewissen (sola conscientia), auf die Vernunft (sola ratio) oder gar auf die eigene Gemütsstimmung (sola affectus)"[395] erweist, wäre insofern historisch zu wenden, als es um jeweils konkrete Positionen geht, die sich auf Kirche, Gewissen, Vernunft oder Affekt berufen. Sie sind

---

[395] Sauter, Schrifttreue (wie Anm. 19), 267.

ebenso historisch wie die gegen sie ins Spiel gebrachten Alternativen, hinter denen sich jeweils eine ganz bestimmte Auffassung dessen befindet, was der Kern der Schrift und die Grundlage des später so genannten Schriftprinzips sei.

Es scheint nicht fern zu liegen, dass am Anfang nicht die Schrift oder ein Schriftprinzip war, sondern vielmehr die Krise des Schriftprinzips. Aber diese Behauptung würde zu weit gehen, weil das Schriftprinzip als hermeneutisches Programm, das in die Krise hätte geraten können, gar nicht ausformuliert war. Am Anfang standen hingegen scharfe Abgrenzungen gegen andere Autoritäten, die mit Schrift und Geistbesitz untermauert wurden. Am Anfang, vor dem Schriftprinzip, steht eine bestimmte Theologie und ein ganz bestimmtes Christus-Prinzip, das mit der göttlichen Autorität der Heiligen Schrift abzusichern versucht worden ist, die den Autor, das Zentrum, den Interpreten und den Leser der Schrift in eins setzt, der diese Sicht des Zentrums teilt.

Personenregister

Agricola, Johann   116

Althaus, Paul   38

Ambrosius von Mailand   61

Arndt, Johann   87

Arnold, Gottfried   71

Augustinus von Hippo   54.65.75. 101 f.108.123

Bauer, Karl   105

Baur, Ferdinand Christian   30 f.33

Baur, Jörg   12

Bloch, Ernst   46

Bucer, Martin   80.87

Bullinger, Heinrich   86

Cajetan, Thomas (Tommasso de Vio)   41 f.44 f.49.118

Cochlaeus, Johannes   81, 86

Cusanus   s. Nikolaus von Kues

Derrida, Jacques   112 f.

Dilthey, Wilhelm   11.36 f.

Dionysius Areopagita   61

Ebeling, Gerhard   13.18.38 f.42.60. 67—69.74 f.112.121

Eck, Johann   62.64 f.80.122 f.

Emser, Hieronymus   53 f., 55 f., 59-63, 66-68, 70, 73-75, 77-80, 84, 86, 88, 90-96, 98, 106. 116 f., 119

Engels, Friedrich   118

Erasmus, Desiderius, von Rotterdam   19.41 f.52.61 f.64.66.68. 72.74.78.80 f.86.90 f.93 f.96–101 f. 106–111.116.120 f.123 f.

Faber Stapulensis, Jacobus (Jacques

Lefèvre d'Étaples)   59 f.62.70. 93.112

Ficino, Marsilio   73.84.107 f.

Flacius, Matthias   36 f.

Franck, Sebastian   89.111

Gadamer, Hans-Georg   113

Georg, Herzog von Sachsen   53.92

Grebel, Konrad   86

Hägglund, Bengt   13

Hamm, Berndt   13

Hegel, Georg Wilhelm Friedrich   30

Heinrich VIII., König von England   91.122 f.

Hempel, Johannes   38

Hieronymus   61.74.94

Hilarius von Poitiers   59

Hirsch, Emanuel   38

Holl, Karl   26.37 f.60.67–69.102

Holtzmann, Heinrich Julius   32–34

Hubmaier, Balthasar   99

Hus, Jan   98

Hut, Hans   89

Innozenz III., Papst   62

Johannes Paul II., Papst   10

Karl V., Kaiser   86

Karlstadt, Andreas von (Andreas Rudolf Bodenstein)   19.55. 63 f.70.82.91.99

Käsemann, Ernst   11

Kaufmann, Thomas   88

131

Ulrich H. J. Körtner
Arbeit am Kanon
Studien zur Bibel-
hermeneutik

272 Seiten | Paperback
12 x 19 cm
ISBN 978-3-374-04044-5
EUR 24,00 [D]

Alle Theologie, die im umfassenden Sinn als Schriftauslegung vollzogen wird, ist Arbeit am Kanon. Allerdings
ist der biblische Kanon in Geschichte und Gegenwart
eine variable Größe, was nicht immer hinreichend theologisch bedacht wird. Das aber ist die Absicht des vor-
liegenden Buches. Seine Studien zur Hermeneutik des
Kanons umspannen ebenso exegetische und historische
wie systematisch-theologische und praktisch-theologi-
sche Fragestellungen. Der Grundgedanke lautet, dass
der biblische Kanon als hermeneutisches Prinzip zu verstehen ist.

EVANGELISCHE VERLAGSANSTALT
Leipzig www.eva-leipzig.de

Tel +49 (0) 341/ 7 11 41 -16   vertrieb@eva-leipzig.de